SHODENSHA
SHINSHO

、中高一貫校で子どもは伸びるのか

雄

祥伝社新書

はじめに

今、日本の教育制度が大きく変わろうとしています。

「義務教育の制度を弾力化し、地方が多様な教育を主体的に実施できるようにする。6―3制の小・中学校の区分についても、地方の実情に応じ、例えば、6―3以外の区分を可能としたり、小中一貫教育の導入を可能とするなど、柔軟な制度にする」

これは、文部科学省が設置する中央教育審議会の二〇一四年末の答申ですが、第2次安倍内閣は教育再生の一環として、戦後GHQ（General Headquarters／連合国軍最高司令官総司令部）の影響で創設された小学校6年、中学校3年、高校3年の学制（6・3・3制）を、小中学校の9年間を弾力的に区切る「小中一貫校」の制度化に向けて本格的に動き出しました。

具体的には、9年間の義務教育期間を「4・5年」や「4・3・2年」に区切る「小中一貫教育学校」と、別々の小学校と中学校が連続した教育課程を設ける「小中一貫型小・中学校」の2形態が提案され、双方《そうほう》共に、地域の状況に応じて市区町村の教育委員会の判断で設置できるというものです。

では、小中一貫教育学校と小中一貫型小・中学校のメリットはどこにあるのでしょうか。

中央教育審議会の同答申には、「各種学力調査の結果向上」「いわゆる中1ギャップの緩和（不登校、いじめ、暴力行為の減少、中学校進学に不安を覚える生徒の減少）」などがあるとされ、現在、小中一貫教育を実施している施設の実態調査によると、約1割が「大きな成果が認められる」、約8割は「成果が認められる」と回答したそうです。

しかし、小中一貫教育については、多くの議論があるところです。私は「小中一貫教育」より「中高一貫教育」のほうが、子どもたちの将来に大きな影響を与える、という立場です。

私は27歳で中学生や高校生を対象にした学習塾を開き、次にハーバード大学や東京大学で教員として働き、二〇一一年に、母校の開成中学校・高等学校の校長に就任するなど、40年以上の長きにわたり教育に携《たずさ》わってきました。

この間、一番年下は小学4年生、一番年上は博士課程の大学院生まで教えてきたわけですが、その経験から言わせていただければ、幼《おさな》い小学生と思春期を迎《むか》えようとしている中学生を一緒に教育しても、大きなメリットは得られないのではないかと考えています。

子どもたちの生活環境は、小学生から中学生になると新たなステージに突入します。小学生時代は親と教師の教育によって子どもは育《はぐく》まれます。もちろん、友達からの影響もそれなりにありますが、昔と異なり、現代ではそれほど大きなものではありません。

なぜなら、今、小学生の子どもたちの遊び方は、われわれが育った時代とまったく異なります。私が子どもの時は、学校が終わるとランドセルを放り投げ、年上の子や、年下の子と一緒に野原に行き、缶けりや、三角野球《ベース》をしていました。その経験から、年長者や年下の子に対する尊敬や思いやり、あるいは子ども社会のなかで、人間として生きていくルールを学んでいきました。

しかし、今の子どもたちに話を聞くと、「小学生時代に異なる年齢の友達と遊んだ経験があまりない」と言う生徒が多い。友達の多くは、小学校の同級生や塾で一緒になる同じ年齢の子どもばかりです。しかし、同じ年齢の集団では、友達から得られる知識の量や経験が限られます。この時期は、親や先生から受ける影響が大部分で、子どもたちは親や先生の行動を模倣《もほう》することによって、大人への道を進んでいきます。

いっぽう、親から自立していく中学・高校時代、つまり思春期の友人、先輩、後輩との人間関係は、子どもの人間的成長はもちろん、生涯における仲間やネットワーク形成に大きな影響を与えている、と断言します。

小学校の初等教育段階と中学・高校の中等教育段階では、子どもの成長の段階が異なります。小中学校の9年間の義務教育の目的は、学力向上や将来の大学受験のためだけにあるわけではなく、子どもたちが人として生きる力を養《やしな》うことではないでしょうか。

その意味からも、小中高の12年間は子どもの人間力を育むための貴重な年月であり、子どもの成長段階に合わせて、友人からの影響力が大きな役割を果《は》たす中高の6年間を一貫して教育する中高一貫制こそ、著《いちじる》しく進展するグローバリゼーションや、混沌《こんとん》とする今の日本をリードする新しい人材を養成するために必要だと思います。

本著は、私が校長を務める開成学園や他校のエピソードを交《まじ》えながら、中高一貫教育の理念や意義を述べていきます。

この本を手に取られる方は、小中学生のお子さんをお持ちだと思いますが、中高一貫教育の特長とその目的、中高校生を持つ家庭の役割などについて、ご理解いただければ幸《さいわ》いです。

二〇一五年八月

柳沢《やなぎさわ》 幸雄《ゆきお》

目次

第1章

なぜ、中高一貫校で伸びるのか？

第2章 勉強法

第3章 課外活動

第4章 親の役割

第5章 大学受験と進路選択

序章 中学生から、教育は変わる

なんのために学校に行くのか？

唐突《とうとつ》ですが、なぜ中学生は中学校に、高校生は高校に通うのでしょうか。

「中学校は義務教育だから」「高校に行かなければ知識を得られないし、大学にもいけないから」など、さまざまな答えが返ってくると思います。

しかし、今はインターネットの時代です。自分が知りたい知識や疑問があれば、学校の授業よりさらに詳しく、自分がもっとも欲しい情報を欲しいだけ得ることも可能です。大学の高度な授業ですら、無料で閲覧《えつらん》できるＷｅｂサイトがたくさんあります。

このような時代にもかかわらず、教育は「学校」という施設で行なわれ、「生徒たちは、毎朝学校に通うものだ」と、保護者やわれわれ教職者は寸分の疑問も抱《いだ》いていません。

それは、教育とは、親や教師が一方的に知識を子どもに伝達することだけではなく、クラスメートや先輩・後輩などから、人間形成にかかわる多くを学ぶことも含まれ、それらの子どもたちが〝交わる場〟として学校が存在すると、私たち教師や保護者が暗黙のうちに了解しているからです。

情報伝達手段が未発達であった昔は、先生のもとに集まって知識を授《さず》けてもらう以外に、知識を得る方法はありませんでした。たとえば江戸時代の各藩の藩校や、庶民の子どもが通った寺子屋《てらこや》（手習指南所）も同様です。

このような〝学校という場〟に集まった子どもたちは、年少の頃は先生の考えを模倣することで成長していきましたが、年齢が大きくなると共に友人から受ける影響が大きな要素であることを自覚するようになります。

「朱《しゅ》に交われば赤くなる」という諺《ことわざ》は、友人との交わりの重要さを表わしています。つまり、子どもの成長段階に合わせて、友人関係が子どもたちを育てるということを理解しないと、中等教育（後述）の意味や、中高一貫校の存在意義が理解できません。

中高一貫校が中学・高校生に与える肯定的な影響について、次章から詳しく述べていきますが、まず、学校という場は、学業だけではなく、子どもたちの心身の成長に欠かせない場所であることを理解してください。

教育の本質

中学から高校までの中等教育の目標は、「はじめに」でも述べたように大学受験だけではありません。大学に限らず、中学・高校受験でも試験問題には出題傾向があり、志望校の受験問題に則《そく》した教育をすれば、難関校の合格も夢ではありません。しかし、それは教育の一部です。受験は教育のすべてではなく、一部にしかすぎないのです。

友人たちとの関係、つまり〝朱に交わる〟ことによって、自分が染まっていくことを学校の保護者や教師は了解しているからこそ、生徒たちも時間をかけて、毎朝学校に通って来るのです。

私は当校の中学生たちに常々《つねづね》、「これから10年経《た》ったら、もう先生はいないんだよ」と話しています。つまり、22〜23歳で大学を卒業し、それから先の〝教師のいない時代を生き抜くための基礎的な力を養う場所〟が中学・高校です。

日進月歩と言われるように、時代は日々変化し、技術もどんどん進化しています。その著しい変化や進化を教師がいなければ追いつけないとすれば、その生徒は将来的に生き残れないでしょう。

今、ＩＣレコーダーという録音機器がありますが、われわれが社会に出た時は、カセットテープレコーダーでした。およそ40～50年以前に登場したコンピュータも、当時は研究者やＩＴ技術者の専門的な道具にすぎませんでした。それが今や、パーソナル・コンピュータ（ＰＣ）として世界の政治、経済、軍事、ビジネスで必須になっているのは言うまでもなく、一般の家庭生活のなかでも不可欠な道具になりました。

そこで考えてほしいのは、ＰＣ開発の先駆けとなり、天才と言われたアップル社のスティーブ・ジョブズ氏や、世界のＩＴ業界に君臨《くんりん》するマイクロソフト社のビル・ゲイツ氏の、時代の変化に対応し、進化・開発し続ける能力です。

彼らは成人後、いきなり天才的な能力を発揮したわけではないでしょう。おそらく、幼少の頃から既存の技術・ＩＴ製品に満足することがなく、「イノベーション（変革）したい、イノベーションできる」と思っていたのではないでしょうか。

彼らが中学・高校時代にどのような思想・行動形式を持っていたのかわかりませんが、彼らの個々の思想や不満を進化させ、さらに大きなものに育むような教育を中等教育から高等教育課程（後述）で受けたのではないかと私は確信します。

それは、人間関係においても同様です。世の中にはさまざまな人が存在し、多種多様の才能を持つ人々がいます。そのような人たちと共に、仕事上の成果を上げ、自分の生活も成り立たせる時代に備えた練習の場、それが中学・高校時代です。

中高一貫校をすすめる理由

ところで、先に触れた中等教育とはなんでしょう。

一般的には中学校は中等教育、高校は高等教育と誤解されている人も多いようです。しかし、正確には小学校は初等教育、中学校は中等教育前期課程、高校は中等教育後期課程、大学以降が高等教育とされています。日本の教育を管轄する文部科学省の局の配分も、初等中等教育局、高等教育局です。

つまり、中等教育は中学・高校が担《にな》っているのです。それは海外でも同様です。たとえば、オックスフォード大学やケンブリッジ大学への進学数の多いイギリスのイートン校、ハーロー校、ラグビー校などといったパブリックスクールも、中学2年から高校3年の子どもたちが一緒に寮生活を送っています。では、この年代の子どもたちを、ひとつの集団として教育する意味はどこにあるのか。

それは、子どもの身体と精神の成長段階に合わせた教育を施《ほどこ》せる、ということです。中学生になる頃、男の子も女の子も第二次性徴《せいちょう》が始まります。もちろん早熟な子や遅い子もいるので、すべての子どもが同じとは言い切れませんが、この年齢の子どもたちを野生の動物にたとえれば、本能的にはすでに〝巣立ちの時（自立）〟を迎えていると考えていいでしょう。

ところが、多くの小学生は全面的に、親がかりの生活を送っています。野生の動物が自立すれば、その後は自分で餌《えさ》を獲《と》って生きていかなければなりませんが、人間の完全な巣立ちには長い助走期間が必要です。その助走期間が中学・高校の6年間なのです。

親は、子どもに何を与えるべきか？

読者のみなさんは、子どもの将来に何を求めているでしょうか？

たとえば「難関大学や医学部に入学できる学力をつけてほしい」、あるいは「絵画や音楽などの芸術関係の才能を伸《の》ばしてほしい」と言う人が多いかもしれません。

しかし、それらは子どもが生きていくうえでの、将来的なひとつの選択肢にすぎません。というより、それは「親の見はてぬ夢」と言ったほうが正しいでしょう。なぜなら、子どもが高校生ぐらいになり、「僕はこの道に進む」と言い出したら、親はあきらめるしかないのです。

親がたとえ医師であったり、官僚であったり、あるいは芸術家、職人、サラリーマンであったとしても、現代日本は封建社会ではないのですから、親はその職業の継承を子どもに強制することはできません。

仮に、親の希望通り難関大学を卒業し政治家や官僚、医師や芸術家になったとしても、子どもは自分の職業に満足するでしょうか。好きではない分野の職業に従事している自分を想像してみてください。そうであれば、親の多くが子どもに求める最小限の必要条件は、「成人したら、独《ひと》り立《だ》ちしてほしい」の一言に尽《つ》きるのではないでしょうか。

一般的には、子どもより親が先に死ぬ。それが自然の摂理《せつり》です。しかし、親が死ぬ時、「ひとりでは生きられない」と子どもに言われたら、困ります。子育て、教育というものは、最終的に「子どもがひとりで生きていける力を育む」ことであり、学校もその目標に向かって注力していくことが求められます。

その力を中学・高校時代に身につけず、大学に進学し、自分に適した職業を見つけられないまま卒業し、30～40歳まで引きこもってしまうケースが報告されています。こうなると、自立することは非常に難しくなります。

最近、親の年金を頼りに暮らし、親が死んでも年金を受給するために死亡届を提出せず、そのまま遺体を隠したなどの事件をよく聞きます。これでは、親は死んでも死にきれません。

少々《しょうしょう》話が飛躍しすぎましたが、教育機関と言われる施設のなかで、特に学校は最低限、「生徒が将来的に自立できる」ように育てなければなりません。そのように考えると、中学・高校という中等教育6年間に生徒が何を身につけるか、さらに、友人、同期生、先輩、後輩から多くのものを学ぶことが、この年齢層の子どもたちにとって、いかに大切かを理解してください。

ミニ社会

中学・高校という生徒の集団は、ある意味で〝ミニ大人社会〟と言えるでしょう。特に13歳から18歳までの子どもたちが学園生活を共にする、中高一貫校はそれが顕著です。

というのも、日本の主流の中高別学（中高一貫校ではない学校）では、1年生と3年生の歳《とし》の差は最大で2歳です。ところが、中高一貫校は、中学1年入学時、最大で5歳年上の先輩と知り合い、逆に自分が高校3年になった時は5歳年下の子どもとつきあいます。

単純に比例計算すると、13歳の時の5歳差は、40歳の時の15歳差に相当します。社会の中核として働いている人々の年齢構成が、中高一貫校ではミニ社会として実現しているのです。

つまり、中学・高校年代で5歳年上から5歳年下までの年齢層の子どもたちが交わるのですから、先輩に対する憧《あこが》れや尊敬、後輩に対する思いやりといった生活態度が自然に身につきます。

また、年齢の離れた先輩や後輩と生活を共にし、影響を受けることでさまざまな価値観が芽生《めば》え、将来的に自分の目指すべき方向性や目標とすべき社会的なポジションを決めることができるのです。これが中高一貫教育の最大の効用であると私は思っています。

さて、ここまで学校の存在する意味や、人間が生きていくために必要な基礎的な力を中等教育時代に養うことの重要性について述べてきました。次章からは、この本のテーマである中高一貫校の存在意義について、より具体的に述べていきます。

第1章

なぜ、中高一貫校で伸びるのか？

入学時のショック

「最大の栄誉は、一度も失敗しないことではなく、倒れるたびに起き上がることである」（十八世紀のイギリスの詩人、オリヴァー・ゴールドスミス）

本著のテーマは「子どもは中高一貫校で育てましょう」です。中高一貫校の教育上のメリットについて、私が校長を務める開成学園のエピソードも織《お》り交《ま》ぜながら具体的に話を進めていきますが、まず冒頭の言葉を現在の中高生、そして新しく中学校に入学する子どもたちに送りたいと思います。

難関校のひとつに数えられている開成中学校の入学試験は非常に難しい。新年度には、その難関を突破した300人の子どもたちが入学してきます。彼らはみな、地域や町の「神童《しんどう》」と言われ、地元の小学校を一番で卒業したような子どもたちですが、2カ月後に実施される最初の定期考査が終わると、クラスごとに自分の席次がわかります。

この時、意気揚々《いきようよう》としている成績上位者や、「僕は頭がいいと思っていたけど、上には上があるものだ」と割り切れる子どもはいいのですが、「町一番の秀才と言われた僕がこんな順位とは……」と、人生ではじめての挫折《ざせつ》を感じ、やる気や自信を失う子どもたちも出てくる可能性があります。当校では、この入学後の最初の３～４カ月間を、中高６年間で生徒の成長を促《うなが》すための一番重要な時期ととらえています。

つまり、「勉強の成績は重要な要素だが、それだけで人間の評価は決まらない。それよりも、自分の好きなことや自分の個性を表現できる場所を見つけることが必要」と生徒たちに意識させ、「挫折することこそ、自分を伸ばすための財産」と理解させるのです。

もちろん、自分の個性は勉強だととらえ、その結果、すばらしい成績を残す生徒もいます。教員は、そのような子どもたちの個性を伸ばせるように授業の充実を図《はか》っていると同時に、「僕は勉強よりスポーツのほうがいい、サッカーでゴールするほうが気持ちいい」と言う生徒の個性を伸ばせるように、約70の部活の顧問として、日曜日にも試合の引率者として、生徒と共に過ごしています。

「それが君の個性だよ」と本人に自覚させ、なおかつ周囲の生徒にもそれを尊重させます。つまり、学校内で自分の居場所を定めさせる期間が最初の４カ月間なのです。

この時、先輩たちのアドバイスが大きな影響を与えます。なぜなら、先輩たちの多くも、かつては町一番の神童であり、秀才でしたが、冒頭の言葉のように、開成という教育の場で挫折を経験しながら、自分の個性を確立してきたからです。このため、自分の経験をもとに、教師以上に貴重な助言を、挫折を経験した新入生に与えることができるのです。

繰《く》り返しますが、人間の価値や評価基準は、学業成績だけではありません。社会では、自分が学んだ学問や自分の個性をどのように生かしていくか、が問われます。その基礎力を養うのが、先輩たちや後輩、クラスメートと一緒に過ごす中高の6年間です。これは当校だけではなく、他の中高一貫校でも同様ではないでしょうか。

中高一貫校のメリット① 縦のライン

中高一貫校が、今ほど必要とされる時代はない、と私は思います。というのも、序章でも述べましたが、現代の子どもは同年齢の横のつながりはあっても、年長者や年少者との縦のつながりが希薄《きはく》です。

さらに家庭では、ひとりっ子が増え、兄・姉を見て学んだり、弟・妹をいたわったりする経験のない子どもが増加しています。このような時代だからこそ、年齢の異なる子どもたちが交流する中高一貫校の存在意義があるのです。

もちろん、「中高別学でも先輩や後輩ができる。縦のつながりがあるではないか」との反論もあるでしょう。

しかし、中高別学の中学校で新入生を教えるのは、前述のように、中学２年生、あるいは３年生。彼らは先輩と言っても、年の差はわずかに１〜２歳であり、学業的にも社会的にも幼《おさな》い部分が残ります。その点、中高一貫校で新入生を教えるのは、高校１年生や２年生。彼らは中学１年生の面倒を見れるほどに十分に成長しています。

子どもの発達段階で、年少者を４〜５歳年上の子どもが教えることは、双方にメリットをもたらします。これは戦前の日本の旧制中学（５年制）や、イギリスのパブリックスクールなどを見ても明らかです。

中学１年生にとって、〝年の離れた兄貴のような先輩〟は大きな存在です。小学校時代は、教師や親に教えられていたのに、「ここでは先輩に教えてもらえる」という思いは、彼らにとって新鮮な感覚でしょう。

その先輩に勉強や課外活動のやり方を教えられ、やがて憧れの先輩と出会うと、学校に通うのが楽しくてしかたがなくなります。そして、自分も高校生になったら、幼い中学生を教えてやろう、という気持ちになるものです。

つまり、教え、教えられるという経験を通して子どもたちは成長していくわけです。そして、入学から卒業まで6年間のスパンがある中高一貫校では、それが顕著に表われます。これが中高一貫校の大きな特徴のひとつです。

中高一貫校のメリット② カリキュラム

では、学業面で中高一貫校のメリットはどこにあるのでしょうか。

当校も、一九四七年に制定された「学校教育法」第一条に掲《かか》げられた、いわゆる〝一条校(幼稚園、小学校、中学校、中等教育学校、高校、大学、専門学校など)〟ですから、文部科学省が定める学習指導要領に則《のっと》った教育をしています。そのなかで教材はすべて教員の裁量によって選んでおり、担当している生徒集団の特徴に合わせて、臨機応変に授業を展開しています。

さらに、中高一貫校では高校受験がないので、入試に特化した受験勉強も不要です。その分、授業進度にゆとりができるため、授業内容を一段深めたり、周辺知識まで広げたりすることもできます。

たとえば、開成中学では、基礎学力を含む総合的な学力充実を図るため、「総合学習」の時間を有効に活用しています。また、ネイティブ教員による英会話の授業を通じて国際理解を深めたり、埼玉県秩父《ちち ぶ》郡長瀞《ながとろ》町での地学実習などによって自然と環境に対する理解を深めたりしています。

中高一貫校のメリット③　教師

「良い教師は説明してくれる、優《すぐ》れた教師は実証してくれる、偉大な教師はインスピレーションを与えてくれる」

これはアメリカの教育者で牧師でもあった、ウィリアム・アーサー・ウォードの言葉で、教育者のなかではよく知られています。私は「偉大な教師は――」に共感を覚えます。

私は日米で多くの大学院生たちを教えてきましたが、教え子たちが私のアドバイスによってインスピレーションを膨《ふく》らませ、大きな研究成果を出してくれた時、それは教育者冥利《みょうり》に尽《つ》きます。

では、教師の役割とは何か。一般的には「教師は、勉強を生徒に教える職務」と理解されているのではないでしょうか。

文部科学省の学習指導要領には、「教師は生活指導や道徳指導などを通じ、『生徒の人間性の育成』や『生徒の未来の選択肢を増やす』」と書かれています。簡潔に言えば、教師は生徒の人間性を高め、将来の選択肢を増やすために勉強を教えている、ということです。

中高別学はもちろん、中高一貫校の教師も同様の責務を果たしていますが、当校は生徒の人間性や将来性を高めるために、あえて、「手を出さない、口も出さない」方針を採《と》っており、じっと生徒を見守るのが教師の役割ととらえています。学校に通うのが楽しいと思っている生徒には、手も口も出す必要はありません。じっと見守っていると、友人、先輩、後輩からの刺激で、各人の個性を伸ばしていきます。

生徒が学校に通うのが楽しいと思っているかどうかを把握するため、生徒全員に、1学期と2学期に4択のアンケート——①学校に通うのが楽しい、②どちらかというと学校に通うのが楽しい、③どちらかというと学校に通うのが楽しくない、④学校に通うのが楽しくない——を取ります。
①と②を選んだ生徒には、じっと見守ることが最良の教育法だと考えています。③と④の生徒には、授業やホームルームや部活などいろいろなチャネルを通して、生徒に働きかけをして、きめ細《こま》かく指導をしていきます。
ちなみに、入学して2カ月半後の中学1年生に取ったアンケート結果によると、④「学校に通うのが楽しくない」と答えた生徒は1名でした。これに、③「どちらかというと学校に通うのが楽しくない」と答えた4名を足しても、300名中295名の生徒は楽しいと思って通学しているようです。

この結果は中学1年生に限らず高校2年生まで同じ傾向を示しています。ただ、受験を控えた高校3年生では、④が16名、③が25名に増えます。約10％の生徒が受験を目前にして、高校2年生までとは違った気分で学校に通うようです。

生徒が楽しく生き生きとしている限り、子どもたちが自主的に何かを行ない、失敗したとしても、口を出さず放っておく。たとえるなら、広い放牧場で、この柵を越えると谷底に落ちてしまうというところまでは、生徒たちに好き勝手にやらせています。

もちろん、生徒どうしのぶつかり合いもあり、それがいじめになる場合は断固として指導しますが、そうでないなら、生徒間の諍《いさか》いに関しても、自分たちでまとめ、合意できるところまで見ています。

受験に関しても、教師がアドバイスをすることはあっても、事細《ことこま》かく指導することはありません。当校は東京大学進学者数が多いため、学校全体が生徒に東大進学をすすめているように思われがちですが、教師が生徒に東大をすすめることはありません。

もし、教師が「君は東大に行きなさい」などと言おうものなら、逆に、当校の生徒たちは「では、東大には行かない」と言い出すでしょう。いい意味で〝天邪鬼《あまのじゃく》〟な生徒が多いのです。

このため、「面倒見の悪い学校」と感じる保護者もおられるようですが、それはすべて、生徒たちが自主的に進路を定め、進学先を自分で決めるために、あえて口をつぐんでいるのです。

しかし、「生徒を見守る」と簡単に言っても、それは教師に忍耐がないとできません。生徒が問題を起こせば、その場で、「おまえ、何やっているんだ」と怒鳴《どな》るほうが楽なのです。しかし、そうはせずに「あの生徒には、あのようなことがあった」と記憶にとどめるのです。

思春期を迎える中学2年生、3年生は本当にわがままです。大人になりかけ、やんちゃで突拍子《とっぴょうし》もないこともやり出します。しかし、そのような生徒も「あと1、2年経って高校に進級すると、きちんと人人になるものだ」ということを中高一貫校の教師は経験的に知っているからこそ、やんちゃな部分についても片目をつぶりながら対応できるのです。

中学1～2年の時は一生懸命勉強していた子どもが、中学3年に進級すると、勉強が手につかなくなることも珍しくありません。もし、このような子どもがいれば、中高別学の中学校の先生は、高校受験を控えているので一生懸命矯正することでしょう。受験先から「この子は勉強嫌いだ。勉強をしない子だ」と受け止められないように手当てをして、高校に合格させなければなりません。高校は義務教育ではないので、合格しなければその生徒の行き先がなくなってしまいます。

しかし、中学1、2年にがんばっていた姿を見ていた中高一貫校の先生であれば、「勉強が手につかない理由が、何かあるのではないか」と考えます。4年間の残りの期間があるので、じっくりと変化を見守ります。

これは、中高一貫校の先生だからこそ、わかり合える感覚でしょう。中高が3年間で区切られ、さらに高校入試にも対応しなければならない中高別学では、残念ながら、このような経験を蓄積できない先生が多いのではないでしょうか。

当校では中学1年から高校3年までの組主任（担任）は多くの場合6年間、そのまま持ち上がります。生徒のクラス替えは、最後の年（高2から高3へ）以外は毎年ありますが、先生は中学1年生から高校3年のクラスまで6年間ほとんど変わらず見てもらうので、生徒たちの成長や変化を目の当《ま》たり《あ》にすることができます。

子どもを3年というスパンで見るのではなく、6年で見るという形は教育上の視点を大きく変えます。体の小さかった中学1年生も、高校3年生になる頃は髭《ひげ》を生《は》やし、声も低くなり、教師よりも体が大きくなってきます。精神的にも紆余曲折《うよきょくせつ》を経《へ》ながら成長していきます。

このように、子どもの心身が劇的に変化する時期の教育だからこそ、経験値を積み重ねられる、中高一貫校の意義があるのです。

公立の中高一貫校が少ない理由

このようなメリットが中高一貫校にあるにもかかわらず、これまで日本では、私立が主体で、公立に少ないのが実情でした。その原因は、一九四七年に制定された「学校教育法」まで遡《さかのぼ》ります。

この法律により、日本は小学校・中学の9年間が義務教育とされました。その当時の日本人の高校進学率は、図表1のように50％以下。終戦直後の日本は非常に貧しい時代でしたから、高校まで義務教育にすると、国家財政だけではなく、個々の世帯の家計が持たなくなる、と判断されたのです。

当時の子どもは重要な稼《かせ》ぎ手《て》でした。したがって、「高校を義務教育とし、学費を無償にします」としても、中学校を卒業した子どもが稼ぐ金銭をその家庭に保証しなければ、子どもは学校に通えません。

これは今、発展途上国に対し、ユニセフ（UNICEF＝United Nations Children's Fund／国際連合児童基金）などが支援している学校設立事業なども同様です。

いくら学校というインフラを造っても、貧しい国々の国民は、子どもを学校で勉強させる余力はありません。このため、勉強を教えると同時に、苦肉《くにく》の策として給食を提供したりしています。給食があれば、子どもの1食分の食費が浮きます。さらに、給食のパンを分けてもらい、家に持って帰るということもあるかもしれません。

日本が一九四五年に敗戦を迎え、新たな時代に向けて、学校教育法を制定しようとした時は、まさに発展途上国と同じ状況でした。しかし、時代は変わり、経済復興と高度成長を成《な》し遂《と》げた日本の高校進学率は現在、98％を超えています。それなのに、

図表1　高校進学率と生徒数

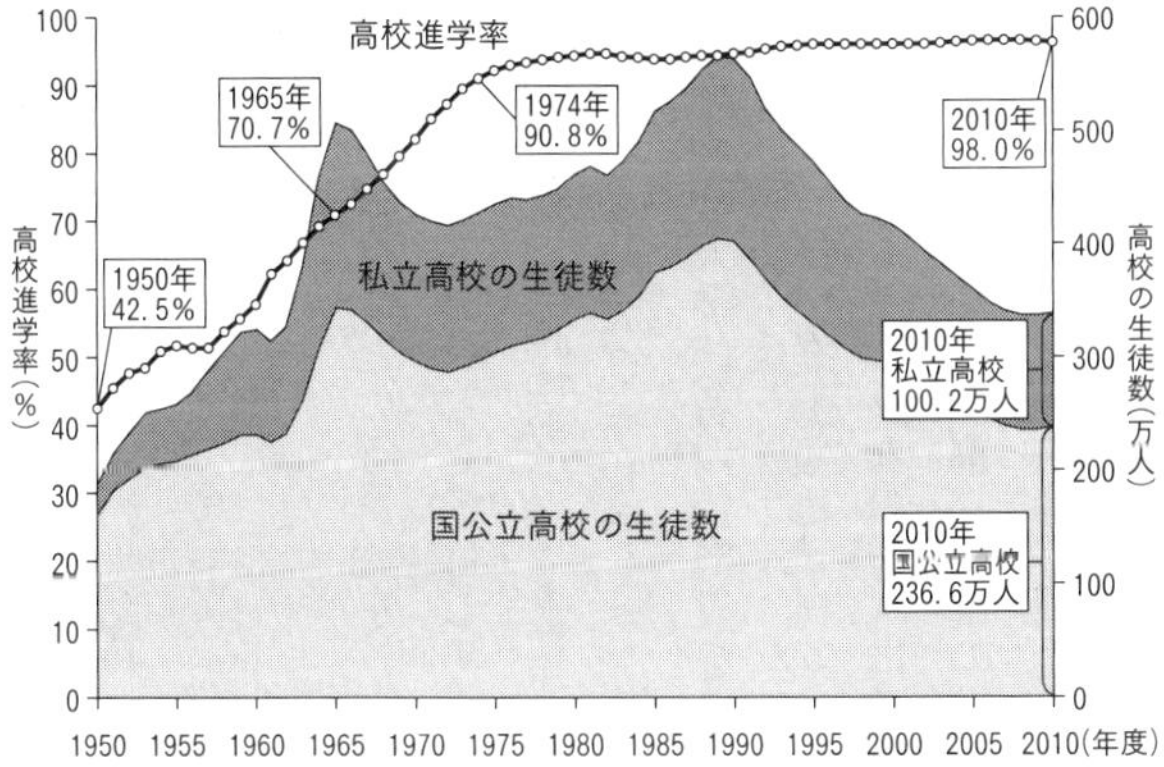

(文部科学省「学校基本調査」)

高校を未《いま》だに義務教育化していません。これが、現在の教育制度上のゆがみを生じさせているのだと思います。

中学校は義務教育、高校は非義務教育。しかも、学校組織も別々だから中学校から高校へ進学する時に入学試験がある。これでは、公立校で中高一貫校を作るといっても難しいでしょう。

そのため、日本の戦前の旧制中学のしくみを受け継いだり、中等教育の理念を伝統的に踏襲したりする私立学校に、中高一貫制を採用する学校が多くなったのが実情です。

中高一貫校の急増

遅ればせながら、日本の文部科学省も一九九九年四月、中高一貫校（中高一貫教育校）に着手し始めます。そして、都立高校や他の公立高校に中高一貫制を導入する例が増加しています。

「白鷗《はくおう》ショック」という言葉をご存じでしょうか。

これは、都立高校としてはじめて中高一貫校に移行した10校（白鷗、小石川《こいしかわ》、両国《りょうごく》、桜修館《おうしゅうかん》、武蔵《むさし》、立川国際《たちかわこくさい》、南多摩《みなみたま》、三鷹《みたか》、富士《ふじ》、大泉《おおいずみ》）のなかの白鷗高校の1期生が、二〇一一年の入試で、東京大学に現役で5名、他の難関国立大5名、早稲田大学37名、慶應義塾大学15名の合格者を出したため、驚いたマスコミが「ショック」という言葉を使い、大々的《だいだいてき》に報《ほう》じたものです。

では、何がショックなのか。白鷗高校はもともとは東京府立第一高等女学校で120年以上の伝統を持つ都立有数の進学校です。一九六〇年代後半から一九七〇年代は毎年6～8名の東大合格者、国公立大学の合格者も100名以上輩出していました。

しかし、都立高校の学校群制度（入試による学校間格差をなくすため、学区内に複数

図表2　中学校の設置者別学校数

区分＼年度	国立	公立	私立	合計	そのうち中高一貫校 併設型	そのうち中高一貫校 連携型
2004	76	10317	709	11102	70	156
2009	75	10044	745	10864	247	177
2010	75	9982	758	10815	273	177
2011	73	9915	763	10751	289	178
2012	73	9860	766	10699	309	174
2013	73	9784	771	10628	318	169
2014	73	9707	777	10557	403	168

（文部科学省「学校基本調査」）

校を組み合わせた学校群を置き、受験生に特定校ではなく学校群単位で志望させた。二〇〇四年廃止）導入により、進学実績に陰《かげ》りが生じ、二〇〇〇年以降、東大合格者は途《と》絶《だ》えていました。

それが、中高一貫制に移行したとたん、いきなり難関大に多くの合格者を出したのですから、マスコミはもちろん教育関係者も、中高一貫教育の教育効果に驚きを隠せなかったのです。

そして、これらの影響から、私立はもちろん、公立校にも中高一貫校へ移行する学校が多くなり、ここ10年間で中高一貫校は著しく増加しました。

図表2によると、平成二十六（二〇一四）年

度の中高一貫校は、私立・国公立合計で「併設型」が４０３校と、平成十六（二〇〇四）年度の70校から３３３校の急増、「連携型」は同12校増の１６８校に達していま す。

なお、併設型とは高校の入試を行なわず、同一の設置者による中学校と高校を接続する形態（学校教育法第七十一条）、連携型とは簡単な高校入試を行ない、同一または異なる設置者による中学と高校を接続する形態（同法施行規則七十五条、八十七条）とされています。

すこしわかりづらいのですが、大雑把《おおざっぱ》に述べれば、当校のように中学から高校に進学する際に入試を行なわないのが併設型、市区町村立の中学校と都道府県立の高校が、教育課程や教員、生徒間の交流を深め、緩やかな連携を保ちながら中高一貫教育を行なうのが連携型です。

このほか、中高一貫教育校には、中学と高校をひとつの学校とし、高校での募集はなく、生徒が前期カリキュラム（中学課程）、後期カリキュラム（高校課程）で学ぶ「中等教育学校」という形態もあります。

文部科学省は「子どもたちや保護者などの選択の幅を広げ、学校制度の複線化構造を進める観点から、中学校と高等学校６年間を接続し、６年間の学校生活のなかで計画的・継続的な教育課程を展開することにより、生徒の個性や創造性を伸ばすことを目的として、中高一貫教育制度を選択的に導入した」としています。

硬い文言ですが、要は中高６年間という枠組《わくぐ》みのなかで子どもを教育し、個性や創造性を伸ばそうということです。これは、子どもの発達段階を考えれば当然ですし、学校教育として一番成功するのではないかと思います。

公立校と私立校の違い

「公立と私立の中高一貫校では、入試や授業内容などで異なることがありますか？」

公立の中高一貫教育校が増えているせいか、最近、小学生の親からこのような質問を受けることが多くなりました。

まず、中学入試ですが、当校をはじめ、私立の中高一貫校の多くは入試を行なっています。しかし、公立は中高一貫教育校を導入し始めた一九九九年度当時、「公立学校にエリート教育を持ち込むものだ」という批判の声が高まったことなどを背景に、学力検査による入学試験は行なわず、報告書、適性検査、作文、面接、実技検査などにより、総合的に合否が判定されるようになりました。

すると、「適性検査は学力検査より簡単」と考えられたのかどうかわかりませんが、子どもを中高6年間無償の公立の中高一貫教育校に進ませたい、と考える親が多くなり、募集定員に対し、志願者が20倍、30倍も押し寄せる学校も出現したのです。

しかし、適性検査は簡単ではありません。子どもの思考力や論理力を問うわけですから、ある意味、適性検査という名の学力検査と見なすことができるかもしれません。このため、現在の学習塾や進学塾といった受験産業も、公立中高一貫教育校受験に注力しています。

このように、入試に関する私立と公立の違いはありますが、公立であれ、私立であれ、それぞれの学校には独自の校風（カルチャー）があり、教育方針も違うのですから、授業内容の違いなどを一概《いちがい》に比較することはできません。

ここで、ひとつ指摘したいのは、教員の勤続年数です。私立の教員は、比較的長くひとつの学校に勤務するのに対し、公立の先生は３～６年程度で異動するケースが多いのです。これでは、中高一貫校の生徒を長期的に見るのは難しいのではないでしょうか。

当校の教師の勤続年数は長く、30年を超えている教員も多数おります。そのため、卒業後しばらく経って教員室を訪れても、知っている先生がいるのです。これなら、たとえば中学・高校時代の自分を知る先生に、悩みを相談することもできます。

ちなみに、私が二〇一一年に母校の校長に就任した時（64歳）、私が高校３年の時に習った地学の先生が、まだ教員室にいらっしゃいました。このように、生徒と教員が長期的につきあえるのは、私立の中高一貫校ならではのことです。

成長のＳ字カーブ

子どもが、私立あるいは公立の中高一貫校（教育校）に無事入学したものの、「授業についていけるか。落ちこぼれないだろうか」と心配する親は少なくありません。

しかし、冒頭でお話ししたように、どこの中高一貫校でも、最初の定期考査で多くの生徒が挫折感を味わいます。

この時、保護者も一緒に落胆してはいけません。子どもは成長の過程にあり、本人に「もっと成長したい」という意欲さえあれば、確実に伸びていくのです。もちろん、伸びるスピードやタイミングは個々の生徒により異なりますが、すべての人は同じプロセスを辿《たど》って成長します。

それを表わしたのが、図表3です。これは、生物学でよく論じられる「成長曲線」です。「学習曲線」と呼ばれることも多く、体の成長や知識の習得の状態をよく表わしています。人の成長は、正比例のグラフのように右肩上がりの直線を描くわけではなく、S字カーブを描くのです。

たとえば、鶏《にわとり》が卵を産み、雛《ひな》がかえり、成長して、親鳥《おやどり》になる経過を思い描いてください。卵は親鳥が21日間温《あたた》めると、雛になります。この21日間は、外から眺めている限り、なんの変化も観察できません。しかし、卵の殻のなかでは絶《た》えまなく変化が続き、雛へと成長していきます。このように雌伏《しふく》期間、つまり準備期間が21日あるわけです。

図表3 人間の成長

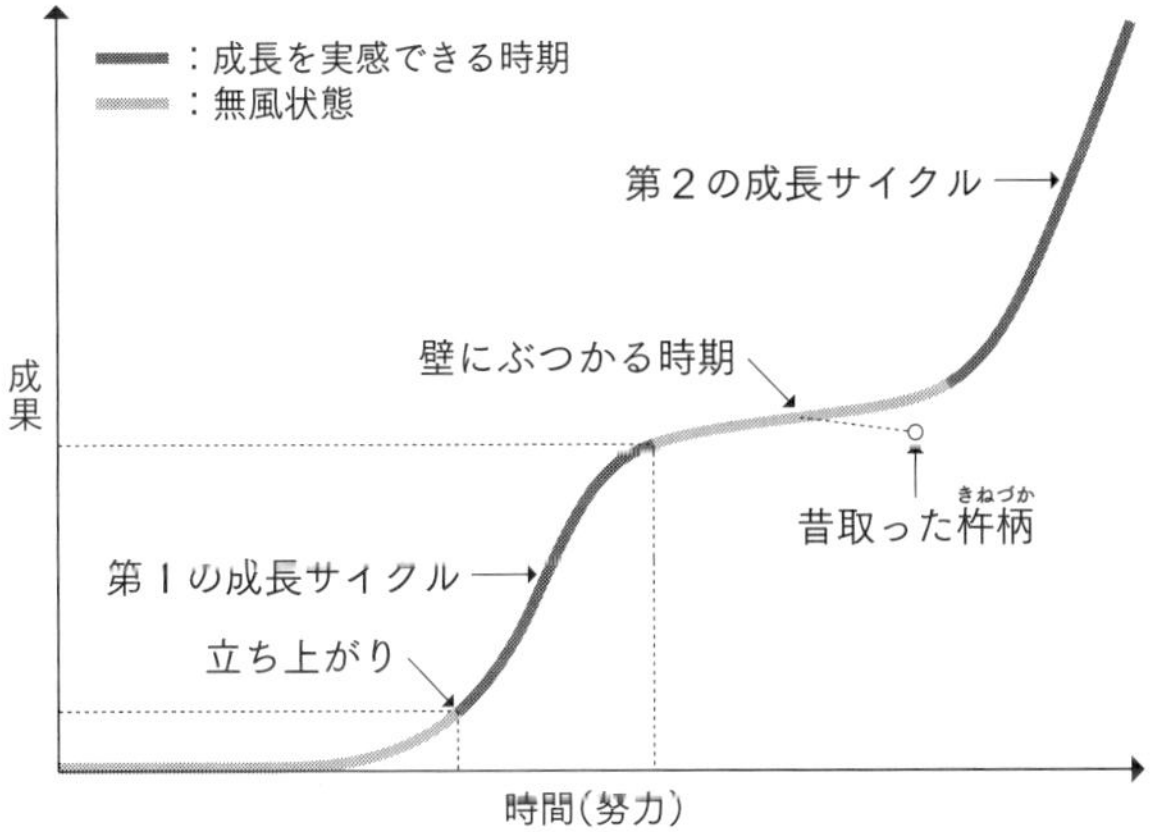

成長でも、学習でも、外から見る限り、はじめはなんの変化も観察できません。しかし忍耐を持って続けていくうちに、大きな変化が外からわかるようになります。

たとえば、英語のヒアリングでは、はじめはチンプンカンプンでも、聞き続けるうちに、機関銃の音のように切れ目が聞き取れなかったものが、ある日突然、単語一つひとつが分かれて聞こえるようになります。この時、準備期間が終了するわけです。

準備期間が終わると、急速な成長が始まります。体重が急激に増えたり、理解が急激に進む時期になります。しかし、この成長を実感できる時期も、やがて終わりを告げます。

体重も、身長も伸び盛りを過ぎると伸びなくなりますし、知識も成長を実感できなくなります。この〝無風状態〟の時期は、壁にぶつかった時期です。壁にぶつかるまでひとつのことを究《きわ》めれば、その知識や技術は忘れなくなります。〝昔取った杵柄《きねづか》〟になるのです。

この雌伏の期間＝成長を実感できる期間＝無風状態の期間が、成長や学習のひとつのサイクルです。ひとつのサイクルを終えれば、昔取った杵柄として生涯使うことのできる技術や知識を身につけたことになります。努力が報《むく》われた成功体験として、その人の自信の源《みなもと》になります。

見かたを変えれば、壁にぶつかることは成功体験の証《あかし》です。なぜなら、壁にぶつかるまで努力を続けたということですから。

この壁にぶつかった無風状態の期間を、次の雌伏の期間にすることができれば、より高いレベルの技術や知識が身につきます。ひとつの分野で成功体験を得ると自信がつき、より高いレベルを目指したり、新しい分野にチャレンジしたりして、さらに成功を重ねていくことができるようになります。

小学校時代に大変な努力をして中高一貫校に入学した生徒が、入学後の最初の定期考査で壁にぶつかったとしても、これを乗り越えさえすれば、次の成長サイクルに入ることができます。

重要なのは、次のサイクルの立ち上がりまできちんと努力を続けられるか、なのです。

このS字曲線を頭に入れておけば、「今、自分はS字曲線の何合目にいる」「今は立ち上がりの直前だ」「今はS字曲線の終わりにいる」など、自分の位置が把握《はあく》できます。人間にとって「先の見える努力」は苦痛ではありませんし、精神的にもずいぶん楽になるはずです。

なお、このS字成長曲線は、学業だけではなく、スポーツやピアノなど、人が何かを身につけようとする時に例外なく現われます。

ふたつの努力

では、S字曲線で成長サイクルに入るためには、どれくらいの努力が必要なのでしょうか。

努力には、なんの苦《く》もなくできる努力と、難行苦行《なんぎょうくぎょう》に感じる努力があります。どの分野を苦がないと感じるか、どの分野を難行苦行と感じるか——それは、人によって違います。一般には、興味があり、好きな分野の努力は苦もなくできますが、嫌いな分野の努力は難行苦行そのものです。

中等教育段階では、苦もなく努力できて、興味があり、好きな分野に没頭することをすすめます。これですと、無理なく努力を重ねることができるので、自然と上達していきます。

「好きこそ物の上手なれ」という諺《ことわざ》があるように、好きな分野を選べば成果が上がり、成功体験を楽に得ることができます。成功体験は自信の源ですから、ひとつの分野で秀《ひい》でた成果を収めることができれば、その後は自信を持って、いろいろな分野に(苦手と思っていた分野でも)果敢にチャレンジできるようになります。

私は、生徒に「中学・高校で学習する内容はもっとも基本的な知識だから、きちんと理解して自分の言葉で表現できるように、その知識を定着させる必要がある」と言い続けています。そして、知識を理解し、定着させる学習時間は短ければ短いほどよいとも話しています。

なぜなら、短い時間で学習できれば、部活動などの課外活動に使える時間が増え、中高一貫校のミニ社会で培《つちか》うことができる生命力を養うことができるからです。そして、短い時間で学習成果を上げるには、自分流の勉強方法を試行錯誤しながら見つける必要がありますが、これに関しては次章でご説明します。

少人数教育にこだわる必要はない

教育現場では、少人数教育の重要性が叫ばれています。しかし、この問題は、授業を受ける生徒の知的好奇心のレベルにより、大きく左右されると私は思います。

私の経験からすると、１クラス13人以下なら1対１の教育とまったく同じです。13人までは、学ぶ側も個人教授を受けているような雰囲気を感じさせることができます。そして、13人から30人までは、一人ひとりの生徒と対話をしながら授業ができる少人数教育、30人を超えれば50人、60人でも一緒という感覚です。

当校は、私が在校していた時代から1クラス50人です。兵庫県神戸市の灘《なだ》高は1クラス55人であると、聞いたことがあります。このような話を入学説明会などでお話しすると、「開成も灘も進学校だから、てっきり少人数教育を行なっていると思っていました」と驚かれる保護者が多くいます。

要は、授業に対し高い興味を持った生徒の集まりであれば、1クラス50人でも60人でも変わらないということです。もちろん、生徒の興味を引きつける力量《りきりよう》を教員が備えていることが大前提です。

私は、授業が成り立つ範囲であれば、人数は多くてもかまわない、と思っています。というのも、中学・高校は、集団教育を行なう場であり、教室は友人が何を考えているか学ぶ場所です。友達がどのような意見を持ち、どのように回答するかを聞くことも勉強ですから、少人数教育がすべての場合に望ましいとは言い切れないのです。

しかし、「自分は授業と関係ない」と言う生徒が集まるようなところでは、大人数教育は難しい。そのような生徒が2、3人であればなんとか授業になりますが、教室のなかで飛行機を飛ばす生徒が10人いたら、授業になりません。これでは学級崩壊、もしくは教育困難校ですから、少人数教育が必要でしょう。

共学より別学がいい

「男子校はもはや絶滅危惧種《きぐしゅ》」などと、マスコミなどに言われています。確かに、今の日本では、男子校、女子校を共学校に〝衣替《ころもが》え〟するケースが増加しています。

これは、学校経営上の経済的な要請として、しかたがない部分もあります。男女の入学を許可すれば、入試を受ける母《ぼ》集団が増えるために競争率・人気が上がり、経営が安定します。特に、男子校を共学にすると優秀な女子が入ってくるので、偏差値が上がるとも言われます。まさに一石二鳥でしょうが、長続きさせるためには、不断の努力が必要です。

それより、私は、今こそ男子校が必要な時代ではないかと思います。

今、男の子を育てているのはほとんどが母親です。そのため、男子生徒は母親の影響を強く受けています。また、男子と女子を比較すると、一般的に女子のほうが成長は早いので、中学・高校段階で男女共学なら女子がリーダーシップを執《と》り、男子生徒が補佐的な役割になる。これが共学校でよく起きる現象です。

これでは、男子生徒が育つ場所がない。このことを、私は非常に危惧しています。

ちなみに、大学生になると立場が逆転し、男子がリーダーシップを執るようになることがほとんどです。共学の大学では、女子は男子に任《まか》せてしまう傾向が強いため、「女子のリーダーを育てるなら、女子大に通わせたほうがいい」という意見もあるほどです。

その典型はヒラリー・クリントン氏。彼女はウェルズリー大学という名門女子大で学び、大学院からイェール大学へ進みましたが、アメリカ民主党の次期大統領候補と言われるほどのリーダーシップは、学内の政党組織の党首などを務めた学生時代の活動から培われたものでしょう。

したがって、高校までの男子は、男子校で育てたほうがいいと思います。特に、中高6年間という多感な思春期は、心も体も男の子から男性に変化する時期です。この過程を授業で一斉《いっせい》に教えることは、個々の成長スピードが違うのでなかなか難しい。しかし、男子校には、体に起こるさまざまな変化や情報を、先輩や同級生たちが教え合うといった土壌ができあがっています。

時には、気になる女子への声のかけ方や、性的な話を生徒たちがしているかもしれません。大人たちにとってはたわいのない話かもしれませんが、男子校では先輩から教わることが多く、それが中高一貫男子校のいいところだと思います。

今後も、開成は共学にすることはないでしょう。私が新聞記者にこのように話したところ、「最後の1校になっても開成は男子校である」と1面に書かれてしまいました。しかし、男親も家庭で男の子を育てる社会的環境が整《ととの》えば、この学校も共学にしてもいいかもしれないという思いが、頭を横切ることもありますが……。

高校から、中高一貫校に入る

「都内の私立の中高一貫校では、高校から生徒を採らなくなった学校が増えています。開成ではなぜ、高校入試を実施しているのですか?」

この質問は保護者だけではなく、教育関係者からもたびたび受けます。確かに最近は、高校から新入生を採る中高一貫校は少なくなりました。

ちなみに、当校では、「新高《しんこう》」と呼ばれる新入生を毎年100人募集しています。中学1年生の頃には体力的に無理だった遠距離通学を、高校生なら克服《こくふく》できる場合があり、下宿をすることも可能である、と考えるからです。

実際に、通学がネックで、中学入試は受けられなかったが、高校からでも入学したいというケースは少なくありません。また、中学まで海外の学校にいた子どものなかで、高校は日本の学校に行きたいというケースもあり、彼らの受け皿として、きちんと教育をするのも私たちの役割です。

中学から学んでいる生徒(旧高《きゅうこう》)とバックグラウンドが大きく異なる子どもたちが入学してくると、ダイバーシティ(多様性)が広がり、学内および在校生に新しい風を吹き込みます。当校が高校募集をしている大きな理由は、開成で学べる機会を増やし、多様性をさらに広げたい、という考えがあるからです。

ただ、高校から入ってきた新高たちを、旧高のなかにいきなり入れてしまうと、疎外感を感じることもあり、高校1年だけは新高だけでクラスを編成します。それは、旧高と勉強の進度を合わせるため、という側面もありますが、1年の間に学校行事や課外活動などを経験させるための助走期間でもあります。

そして、高校2年になった時点で、新高と旧高を完全にシャッフルし、新たな組を編成します。

当校は、多様性を非常に重要視しています。「朱に交われば赤くなる」の朱色には、いろいろな色調《しきちょう》があると思います。自分に合った色調の朱と交わることで、個性を開花させ卒業してもらうことは、校長として非常にうれしいことです。モノトーンの絵では奥行《おくゆ》きも、深みも感じません。豊かな色彩と色調の多様なカラーがあることが望ましいのです。

「多様性を持つことは、いいことだ」と私は生徒たちに常々話しています。そのため、旧高生も実に多様です。そこに、新高生が多様性を注《つ》ぎ足《た》し、さらなる多様性が生まれることを期待しているのです。

統一性と多様性

高校から中高一貫校に入る時、気をつけなければならないのは、学校になじむまでの助走期間の過ごしかたです。ちなみに、当校では、中学1年生の最初の4カ月がそうであるように、新高の最初の4カ月にも注意深く配慮をしています。

学校を選択する際には偏差値よりも、校風が重要です。特に、私立校は学校ごとに教育理念を反映した独自の校風を持ち、その校風に自分が合っているか、合っていないかをよく理解して選ぶべきです。

私が校風のなかで最重要視しているのが、先輩の後輩に対する態度です。先輩が後輩を威圧する校風のもとでは、中学や高校の新入生は通学をけっして楽しいとは思わないでしょう。先輩をロールモデルとして、自分の近未来を描くこともできないでしょう。

当校の特徴は先輩が後輩に対して優しく、親切であることです。卒業後も、先輩は後輩に対して、奨学金の寄付などに表われるように、とても面倒見がいいのが伝統です。では、なぜ先輩が後輩に優しいのか?

それは、自分が新入生の頃、先輩から優しく面倒を見てもらった良い思い出を持っているからです。その心地良さを後輩にも味わわせてあげたいという思いが、後輩に対する優しさの原点です。このように、良い伝統が連綿《れんめん》と続いている中高一貫校であれば、生徒たちは毎日楽しく通うことができるでしょう。

また、入学を希望する中高一貫校が、高校から入学した生徒にどのように対応しているか、親子で入学前に情報を得るようにするべきです。そのために一番効果的なのは、学校説明会などで、高校から入った生徒に話を聞くことです。「君は入学して、どのように感じているの？」と聞けば、子どもは素直に話してくれることでしょう。

しかし、入学後に「この学校は合わない」と思うことも、残念ながらあるものです。その場合、学校を変わるのもひとつの選択肢ですが、それが難しいのなら、校内の部活動でも、校外のクラブ活動でもいいですから、自分の好きなものを積極的に見つけ、好きな場所で過ごすようにすることです。

私は講演会などで、「受験で偏差値は大事です。なぜなら、学校に受からなければ何も始まらないからです。ただ、幸いなことに複数校受かったら、偏差値を考える必要はいっさいありません、その学校のカルチャーに自分が合うか合わないか、それで選んでください。そのカルチャーは卒業したあと、生涯にわたり続くものだから、そこを考えて選ぶのがいい」と話しています。

特に私立の学校は、学校ごとに多種多様のカルチャーを持ち、全面に出しているところが多い。逆に公立校は、そのカルチャーをあまり過剰に見せないようにするために、統一性を強く求めているのかもしれません。もし、公立・私立にかかわらず、高校から中高一貫校に入学したいと考えているのなら、受験・入学の前に志望校のカルチャーを調べることをおすすめします。

さて、本章では中高一貫校のメリットを中心に述べてきました。次章では具体的な授業の受け方や課外活動の重要性について話を進めていきます。

第2章

勉強法

中学入学までにしておくこと

小学校から中学校に進むと、子どもたちの学習環境は大きく変わります。たとえば、小学校時代はほぼすべての教科をクラス担任が教えていましたが（学級担任制）、中学校からは国語、英語、数学など専門の教師による授業が始まります（教科担任制）。

授業時間も大きく変わります。小学校の1限の単位時間は45分、中学校では50分が基本です。わずか5分長くなるだけですが、1日6限授業を受ければ30分長くなります。

部活動も活発になり、活動時間も小学校時代と比べて長くなります。いろいろな運動部、文化部を自分の好みに合わせて選ぶことができ、年の離れた先輩の指導を受ける機会も多くなるのです。

つまり、中学校では授業時間が長くなり、さらに部活動に参加するのであれば、限りある1日の時間の使い方に工夫を凝《こ》らさなければなりません。そのためにどうするか。時間を有効に使う技を身につける必要があります。

私は講演会などで、保護者に次のようにお願いしています。

「部活動は自分の好きなものを選ぶことができますが、授業は好き嫌いにかかわらず、聞いていなければなりません。ですから、限られた時間を有効に使う一番簡単な方法は、授業時間をうまく使うことです。うまく使うとは、授業中に新しい知識を理解し、自分の言葉で説明できるように、その知識を定着させること。そのためには、授業中に集中しなければなりません。お子さんの集中時間が5分、10分、15分……とだんだん長くなるようにして、中学校入学までに最低30分間集中して机に向かえるようにしておいてください」

小学生の集中力は一般的に、15分が限度と言われています。このため、気が散って、授業中に座っていられない子どももいますが、そこを30分まで延《の》ばし、さらに大人になるまでに90分間の集中力を身につけるようにするべきです。そして、授業に集中することにより、部活動などの課外活動に使う時間を勉強で侵食されないようにしてほしいのです。

もし、この段階で最低限の集中力を身につけないと、その後の高校生活や高等教育課程、さらには社会人になってからの生活に支障を来《きた》す可能性が出てきます。

授業の受け方

前項でお話ししたように、中学校では専門の先生が授業を行ないます。

これは、中学校に入学した子どもたちが最初に受けるカルチャーショックです。そして、算数が数学に変わり、理科や社会も分野ごとに細分化されるので、生徒たちはレベルが一段高い授業に高揚感《こうようかん》を感じるはずです。

多くの先生に教えられるということは、相性の合わない先生とも接しなければならないということでもあります。どんなに優れている教師でも、すべての生徒から「あの先生の授業はよくわかる」「あの先生はいい先生だ」と言われることは不可能です。

なぜなら、先生にも生徒にも個性があるので、両者のウマが合わないこともあれば、生徒にとって、苦手科目の授業は「よくわからない」「先生が苦手」ということになりがちだからです。

しかし、苦手な先生の授業でも、生徒は教室に座っていなければなりません。そこで、どのように対応するかが問題になりますが、ボンヤリと受動的に授業を聞き流していては、貴重な1時間を無駄にしてしまいます。

もし、「この先生は授業が下手だ」と思うなら、「自分ならこういう授業をやる」「自分ならこのような順番で教える」と考えてみるのです。そのためには、授業内容をきちんと理解しなければなりません。

私は、生徒たちに「まず、知識として記憶する。次に、考えて自分の意見を形成するようにしなさい」と話しています。授業で記憶し、なぜ？　と考えることは、前項で話した集中力の醸成《じょうせい》にもつながります。

そして、このような授業態度を身につければ、成績に一喜一憂《いっきいちゆう》することもありません。その効果は中学3年間、あるいは高校進学後に必ず表われます。

時間は誰にも等しく、一様《いちよう》に過ぎていくものです。その時間を無駄にせず、授業中は集中し、なぜ？　と考え続けるようにしてください。

〝俺流〟の勉強法

中学生の段階で、何より重要なのは「自分流の勉強法を見つける」ことです。

当校に入学する子どもの多くは、小学校時代から塾に通い、勉強のしかたなどを講師に教えてもらっています。受験は受からなければ意味がないので、それはしかたがありませんが、中学生になったら、自分流の勉強法、つまり〝俺流〟にトライすべきです。

その結果、ぐんぐん成績が伸びる生徒もいれば、伸び悩む生徒も出てきます。しかし、伸び悩んでも焦《あせ》る必要はありません。

子どもの成績が落ちるとすぐに塾へ通わせたがる親が多くいますが、塾で教えてもらう安直な勉強法より、「自分の勉強方法が悪かったから成績が落ちた」と子どもに自覚させ、他の方法を試《ため》し、自分流の勉強法を見つけるほうが必ず伸びます。

子どもも最初はとまどい、悩むかもしれませんが、友人などを見て「あいつはこんな勉強法をしているのか、それで成績がいいのか」「じゃ、僕も試してみよう」という思考回路に入ると、1年半〜2年後にはきちんと花が開きます。

花や野菜もそうですが、促成栽培をすると、ヒョロヒョロと茎《くき》だけが長くなり、風が吹くとすぐに折れるようなひ弱なものしかできません。勉強も同じです。子ども自身が試行錯誤しながら、友人や先輩たちのアドバイスを受けながら、独自の勉強方法を確立しなければ、将来、血となり肉となる本来の学力はつきません。

後輩や友人に勉強を教える、あるいは教えられる光景は、今も昔も当校では至るところで見られますし、他の中高一貫校でも同様でしょう。こうした環境のなかで、自分なりの勉強方法を確立した子どもは強い。

それは単純に成績が良いばかりではなく、たとえば「ここがよくわからなければ、あの先輩に聞けばいい」というアンテナを張っているのです。この方法論や行動は、社会に出てからも役に立ちます。そのアンテナの張り方や情報収集技術を見つけ出すのが中学・高校段階なのです。

友人との相互教育

高校生（先輩）が中学生（後輩）を教える光景は、今も昔も当校では至るところで見られる、と述べましたが、これは「生徒間の相互教育」と言われるものです。このテーマを考える時、子どもが生まれてから社会人になるまで、「いつ、誰がその子を教育しているのか」という視点が大変重要です。

生まれた直後や乳幼児期には父母、祖父母などの家族がそれを担います。保育園・幼稚園・小学校に進むと、先生と呼ばれる人たちが出てきます。中学校・高校に進むと、科目別の教師やクラス担任などの先生が教育をするわけですが、社会人となる10年後には、もう先生はいません。

では、家族や先生に導《みちび》かれてきた時期と、先生がいない時期の橋渡しはいったい誰が行なっているのでしょうか？

それは、学校の友達であり、先輩であり、後輩です。この生徒間の相互教育が、生徒たちの成長には必要不可欠なのです。

しかし、これまでの教育制度では、中高別学が日本の中等教育の主体であるように、その重要性が見過ごされてきたように私は思います。公立の中高一貫教育校や私立の中高一貫校が増加してきましたが、生徒間による相互教育をどのように構築していくかが大変重要だと思います。

予習がいいか、復習がいいか？

「授業の前に予習したほうがいいですか？　それとも、復習が大切ですか？」と保護者に質問されることが多いのですが、その問いにお答えする前に、私は「知識とは何か」を話すことにしています。

知識の習得には2段階があります。まず新しい知識を理解する段階、次に理解した知識を頭のなかに定着させる段階です。

学校の先生や塾の講師から教えられたことを覚えるだけの受動的な勉強法では、知識は定着しません。これは、試験前日の一夜漬《いちやづ》けを思い浮かべれば理解できると思います。一夜漬けの知識は、試験が終わればすぐに忘れてしまいます。これでは意味がありません。得た知識をきちんと論述できるようにならないと、定着したことにはならないのです。

私はこのようにお話ししてから、予習・復習に関する質問には、「人によって違うし、先生の授業の進め方によっても違う」とお答えしています。なんともいいかげんな回答と思われるかもしれませんが、現在の日本の教育現場ではこのように答えるしかないのです。

というのも、アメリカの学校、特に大学以降の授業では、最初に1年間の授業計画（syllabus／シラバス）を宣言し、授業用必読文献（reading assignment／リーディング・アサインメント）をきちんと決めます。つまり、授業の前に予習をして内容を理解してきてください、そして教室で知識を定着させましょう、ということです。

ですから、教室は、教授（教師）や学生（生徒）とのディスカッションの場となるのです。この授業方法は、先生からまず知識を授けられ、生徒が自宅で学習するという従来の勉強法と逆になるので「反転学習」と言われています。

しかし、日本では、「子曰《しいわ》く――」で始まる『論語』に象徴されるように、教室で先生が新しい知識を生徒に伝える授業法なので、シラバスもリーディング・アサインメントもない場合が多く、予習をしようと思っても、どの範囲をどれだけ予習すればよいか、生徒にはわかりづらいのです。

効果的な学習法

このように、アメリカのような教育文化と異なる教授法が一般的な日本では、授業で学んだ知識を定着させるために、復習は不可欠です。

ただ、ひとりで黙々《もくもく》と行なう復習は、授業で習ったことの理解段階にすぎず、論述できるレベルまで定着していません。では、知識を定着させるための効果的な学習法とはどのようなものでしょうか。

それは、新しい知識を自分の言葉で表現することです。自分の言葉で表現するには、誰かに教えることが有効です。たとえば、母親や友人を生徒として教えてみる。すると、知らず識《し》らずのうちに知識が定着します。

ちなみに、私が中高生の時に行なったのは、教室で習った知識を自分のなかで消化して、自分相手に声を出して授業をすることでした。

当校の生徒たちも、よほど「天才君」でない限り、復習をしています。しかし、その方法は千差万別。いろいろな生徒に話を聞くと、「ヘーッ」と驚かされることも少なくありません。

以前、授業時間にもかかわらず、口のなかでボソボソ口ずさんでいる生徒がいました。何をしているのかと思ったら、「リヴァイアサン（トマス・ホッブズが著した政治哲学書）」とか「名誉革命（一六八八年のイギリスの市民革命）」とかゴチョゴチョ言って、両者を関連づけて覚えていたのです。

これは自分の勉強法を完全に持っている本当にできる部類の生徒ですが、授業時間のなかで、すぐに頭のなかに定着させていたのです。

学問や知識は、積み重ねが必要です。授業の記憶を確実に身につけるためには、まず知識として記憶し、その後、自分で考えて自己の意見を形成しなければなりません。そして、クラスメートとディスカッションしたり、教えたりすることで、知識を定着させるのです。

ノートの取り方

知識を定着させるためには、ノートの取り方も重要です。多くの中高生は、教師が黒板に書いたことをそのまま書き写しているだけかもしれません。しかし、あとで読み返した時、授業内容が頭に鮮明に浮かんでこなければ、ほとんど意味がありません。

最近は、「東大生のノートの取り方」「効果的な復習ノート」といった内容の本が書店に並んでいたり、Ｗｅｂ上で公開されたりしています。それらを参考にすることも有効です。

ノートの本質とは、授業を頭のなかで再現するための〝道具〟です。授業のイメージが頭に浮かぶのであれば、どんな方法でもかまいません。極論すれば、自分で授業を再現できるのであれば、別に文字で書く必要はなく、漫画や記号、あるいは先生の似顔絵など「俺流」のノートでいいのです。

ただし、どのような方法でも、効果的なノートを取るためには、授業に集中し、頭を活発に働かせることが不可欠です。機械的に板書《ばんしょ》を写すより、キーワードを考えたり、授業の要点を箇条書きにしたりするほうが効果は大きいでしょう。そして、授業後の休み時間にパラパラとノートをめくって授業内容が頭に浮かび、さらに数日後、ノートを読み返した時に学んだ知識が思い出せるようなノートにするべきです。

これも私の体験ですが、私は先生の話す内容をすべてノートに書いていた時期がありました。しかし、膨大《ぼうだい》な量になるので、なんとか書けても、字が汚《きたな》くて読めません。しかたがないので、キーワードだけを書き写し、授業内容が頭に浮かぶようにしたところ、社会科など記憶中心の科目の試験勉強は、非常に短時間ですみました。

とにかく暗記せよ

「世界史や日本史のような暗記教科は苦手」と言う生徒が少なくありません。また、「暗記の詰め込みから創造力は生まれない」と言う教育者もいます。確かに、新しい知識を理解するだけでは、創造力は生まれないでしょう。

しかし、より高いレベルに進むためには大量の知識を理解し、定着させることが重要です。暗記はその第一歩です。したがって、中高レベルの授業では、覚えなければならないものは、すべて暗記するべきです。そして、暗記した知識をベースに論述し、論理を展開する力をつけなければなりません。

私は「暗記は嫌いだ」と言う生徒に対しては、ワイン造りの話をします。

芳醇《ほうじゅん》で美味《おい》しいワインを造るための第一段階は、収穫したぶどうを容器に入れる作業から始まる。容器のなかでは、下のほうのぶどうは潰《つぶ》れて、やがて一粒ひと粒が渾然一体《こんぜんいったい》となり、固体から液体に変化していく――。

勉強もこれと同じです。知識を一つひとつ身につけ、知識量が臨界点《りんかいてん》を超えるとバラバラだった知識が融合し、渾然一体となり、創造力を発揮します。つまり、より高い学習効果を求めるためには、大量のぶどう＝知識を詰め込む必要があるわけです。

ただ、人間の知識の吸収度は、成長段階ごとに異なることは明らかです。幼い頃は、スポンジに液体が吸い込まれるように知識をどんどん吸収するものの、ある一定の年齢を超えると、吸収力は徐々に弱くなってきます。その時は、自分の持つ既存の知識と、新しく入ってきた知識にブリッジを架《か》け、ネットワークを作るのです。

たとえるなら、瀬戸内海《せとないかい》に浮かぶ島（既存の知識）と島（新しい知識）に新しい橋を架けるようなイメージです。既存の知識と新しい知識に橋が架かると、「今までこのように考えてきたけれど、この話は違うのではないか」「今度はここを変えてみよう」と、さまざまな思考回路が働くようになります。

このように、橋脚《きょうきゃく》を立てる島をたくさん作るために、知識をどんどん吸収し、暗記量を増やしていくのが中学・高校段階なのです。

不得意科目への対処法

中学生になると定期考査が行なわれるため、得意科目と不得意科目を意識する生徒が多くなります。しかし、私の経験に照らせば、得意科目と不得意科目を早い段階で決めつけないほうがいいでしょう。

というのも、得意科目や不得意科目は、生徒の成長段階でどんどん変わっていくものです。小学校で社会科や国語が好きで算数が嫌いだった子どもが中学校に入り、それまで知らなかった分野の勉強が始まると、数学に興味を持ったり、理科が大好きになったりするケースが少なくありません。

また、「中学ではまったく興味がなく、苦手だった数学や生物が、急に好きになった」と言う高校生もいます。

ただし、現実的にテストで合格点や思うような点数が取れない科目がある場合、自分がつまずいたところまでいったん戻り、そこからもう一度知識を積み上げることが重要です。特に、数学、国語、英語など積み重ねが必要な科目は、早めの手当てが必要です。

そのためには、年齢を意識しないこと。仮に中学３年生が１年次でつまずいたと思うなら、「今さら中１の勉強などできない」などと考えず、学年の枠を取り払い、その地点まで戻って勉強し直すことです。

具体的には、問題集やプリントで、最初に自分が解けるところまで戻り、そこから徐々にレベルを上げていくのです。これなら、自分自身でつまずいた部分を手当てしたり、学校に願い出て、カバーしてもらったりすることも可能です。

日本とアメリカで暮らした私の経験からすると、「日本人はアメリカ人に比べ、年齢を意識しすぎている」と感じます。

アメリカ人は「教育を受ける権利がある」という意識が強いからか、ある学年で持つべき知識を子どもが身につけられなければ、親のほうから留年を申し出ることも少なくありません。無償の義務教育なのだから、知識が身につくまで何度でも国（州）

に教えてもらう、という感覚です。

ところが、日本人は「留年なんてみっともない。年下の子とまた同じ勉強をするのは恥《は》ずかしい」と、親も子どもも思っているのかもしれません。

ここには、人と同じように「15歳で中学を卒業し、18歳で高校を卒業しなければならない」という、日本人に共通する意識が働いているように思えますが、アメリカにはそのような発想はありません。

アメリカでは、高校卒業後に一度実社会《じつしゃかい》に出てから大学に入学する、あるいは30歳過ぎまでビジネスマンとして働いてから大学院に進んで学位（修士・博士号）を取得する人が、日本に比べて非常に多い。

つまり、アメリカ人は、自分が探求したい学問があるなら、年齢に関係なくどこまでも追求し、ビジネスや人生上のキャリアアップにつなげているのです。この思考・行動は、日本人も考えてみる必要があるでしょう。

得意科目は徹底的に伸ばす

いっぽう、好きな科目や得意科目がある生徒は、それを徹底的に伸ばせばいい。

「得意科目より、受験のためにも不得意科目を勉強してほしい」と言う親が多いのですが、得意科目の勉強は、不得意科目の克服を阻害《そがい》するものではありません。

得意な分野をさらに伸ばそうとすると、実は、その他の科目の勉強も必要になるのです。たとえば物理の理解を深めるには、数学の知識が欠かせませんから、数学の勉強をせざるを得なくなり、数学が好きになったりする。

また、外国の生徒がどのような方法で物理を身につけているのか知りたくなったら、英語への学習意欲が湧《わ》くでしょう。

このように、得意科目を伸ばそうとすると、他の科目も克服しなければならない状況が必ず現われるので、「得意科目ばかり勉強して」という親の心配は、杞憂《きゆう》に終わることが多いのです。

語学学習はバロメーター

グローバル化の著しい進展により、語学力が問われる時代になりました。このため、英語の各種検定などに挑戦する若者が増えているのは喜ばしいことだと思います。

当校では、英語のハードルを下げるために「英語学校」を開催したり、「英語で仕事をしている人を招き、1日中、英語で話を聞く日」を設けたりしています。

しかし、語学が重要なのは、グローバル化に適応するだけではありません。一般的に、学ぶ能力と一番相関関係が強いのは語学力と言われています。つまり、外国語はその人の持つ言語能力ではなく、持続的な努力によって培われます。日本語が使える限り、言語能力はあるのですから、持続的な努力が、語学力に表われるのです。

学問のどの分野でも、専門家になるためには持続的な努力が必要です。また、どんな職業でも、一角《ひとかど》の人間になるには、持続的な努力を積み重ねなければなりません。語学学習は、この持続的な努力を積み重ねる力を養うのです。

また、語学学習は、基礎からひとつずつ知識を積み重ね、形作っていかなければなりません。したがって、外国語のできる生徒は、いろいろな知識の断片をつなぎ合わせ、ひとつの形にまとめあげる能力を持っていると考えられます。

もし、中高生が「なかなか成績が上がらない。自分は頭が悪いのではないか」と感じたら、とにかく英語の成績を上げるように努力してください。持続的な努力の結果が表われやすい語学学習に注力すると、学業全般の成績を伸ばすことも可能です。

日本人の英語力

「日本人の英語力は、諸外国に比べて劣《おと》っている」と、よく言われます。しかし、それは本当でしょうか。

私は、高校卒業時点での日本の生徒の学習到達度は世界一のレベルだと思っています。では、なぜ日本人の英語力は低いと考えられているのか。

それは、日本人はネイティブ・スピーカーの流暢《りゅうちょう》な英語をリスペクトしすぎて、英語で話すことに臆病《おくびょう》になっている人が多いからだと思います。ネイティブが流暢な英語を話すのは当然です。日本に来た外国人がブロークンな日本語を話すように、日本人も非ネイティブとして、たとえ上手ではなくても、積極的に英語で話しかければ、英会話は必ず上達します。

たとえば、外国語である日本語を日本人並みに使う力士《りきし》がいますが、彼らのような流暢な日本語でなくても、私たちは観光客が話すたどたどしい日本語でも理解することができるし、コミュニケーションは成り立ちます。逆に言えば、コミュニケーションが成り立ちさえすれば、たどたどしい英語でもかまわないのです。

英語は情報交換の手段にすぎません。その本質は発音ではなく、論理の構造ですから、相手が理解できればいいのです。したがって、将来的に海外で活躍したい、大学に留学したいと思うなら、拙《つたな》い英語でも、自分の意見や意思を伝えるために、きちんと論理立てて話せるように、トレーニングしておくことが必要です。

かく言う私は、英語が好きではなく、上手でもありません。「ハーバード大学で多くの学生を教え、ベストティーチャーに選出されているのに」と思われるかもしれませんが、知恵・工夫・度胸《どきょう》の三つを駆使してなんとか過ごしてきたのです。

とはいえ、ブロークンであっても、最低限の英会話能力は必要です。現在、日本では、高校卒業までに最低6年以上英語を学んでいますし、英会話の授業も昔に比べて充実しています。それでも、英会話が苦手な人が多いのは、圧倒的に英語で話す機会が少ないからでしょう。

もし、英会話が上達したいと思うなら、英語がネイティブでない人たちと会話することをすすめます。たとえば、台湾や韓国の友人を作るのがいいでしょう。おたがいに理解できる共通の言語は英語ですから、たどたどしく、しかし気後《きおく》れすることなく、会話を楽しむことができます。

塾、予備校は必要か？

さて、前項までに「自学自習を身につけさせるために、安直に塾に通わせるべきではない」と述べました。しかし、私は、塾や予備校を否定しているわけではありません。というより、自分がつまずいた科目や学校で行なわれている集団教育からこぼれている部分を補《おぎな》うのであれば、非常に役に立つと思います。

学校で行なわれる集団教育には、メリットとデメリットが存在します。メリットのひとつは、教室での生徒間のやりとりにより、個々の生徒が、ひとつの物事にもさまざまな考え方があると認識できること。つまり、「僕はこう思うけど、あいつはこんなことを考えているのか」と知ることにこそ、学びがあるのです。

これは、前章でも言及しましたが、教育とは教師から一方的に教えられるものではありません。自分と同じような発達段階のクラスメートの考え方を知ることで、学問的に横の広がりが出てきます。

しかし、学校の授業は、クラスの平均的なレベルの生徒を対象に、授業計画や進度を組み立てます。すると、どうしても落ちこぼしと浮きこぼしが出てきます。たとえば40人のクラスで、35人がその対象レベルに適合すれば、残りの5人は進度が速すぎると感じるか、遅すぎると感じているはずです。これが、集団教育の大きなデメリットです。

落ちこぼしと浮きこぼしに対して、どのようにフォローするのか、それは各学校の方針により異なります。ですから、保護者は、子どもが通う学校の方針や先生の個性をきちんと把握して、対応しなければなりません。もし、学校がうまくフォローできていないと感じれば、補習として塾を利用するのもひとつの手段でしょう。

要するに、自分は学校の授業とペースが合わない、あるいは自分の知識欲と合致しないのであれば、レディメイドではなく、生徒の個性に合わせたテーラーメイドの講習を受けられる塾や予備校を選択し、そのギャップを埋めるということです。

したがって、中学校に入学してまもない子どもや、授業に集中できない子どもが塾に通っても、成果は期待できません。まして、親が「塾に頼れば安心」と考えて、「塾へ行きなさい」と強制するのは禁物《きんもつ》です。

あくまで、子ども自身が「学校の授業では物足《ものた》りないから」、あるいは「ここがわからないから」塾へ行きたいと望まない限り、あまり効果はありません。

この年代の子どもたちは、自分の意思を主張し始めます。塾に通うかどうか、親と意見が異なる場合、中高一貫校は大学受験まで余裕があるので、その間に話し合いをすればいいのです。

第3章

課外活動

開成学園大運動会

さて、前章では学校における授業の受け方や生徒間の相互教育の重要性について述べてきましたが、ここからは、課外活動の必要性、あるいは生徒への影響について考えてみたいと思います。

まず、当校の課外活動を紹介しましょう。当校は「質実剛健」「進取《しんしゅ》の気性《きしょう》と自由の精神」を創立以来の教育理念としています。そして、この教育理念を端的《たんてき》に表わすのが、毎年五月の第二日曜日に行なわれる「開成学園大運動会」です。

この運動会は、中高縦割りで8色のシンボルカラー（紫・白・青・緑・橙《だいだい》・黄・赤・黒）に分けて行ないます。

当日は、7時過ぎから、8色の旗を先頭に入場行進が始まり、開会式のあと、いよいよ競技が始まります。グランドの周囲には各組が制作した「アーチ」と呼ばれる畳24畳分もの巨大な壁画が掲げられ、各組の応援歌（エール）が響《ひび》き渡ります。

そして、騎馬戦《きばせん》（馬上鉢巻取《はちまきとり》）、リレー、高校2年生の棒倒しなどが終わると、クライマックスとも言える高校3年生の棒倒しが、50人1チームとして実施されます。

この時の応援合戦は開成生のみならず、保護者、見学者にも大きな感動を与えます。競技が終了すると、負けたチームは応援団の前で号泣《ごうきゅう》し、応援団は「おまえたちはよくやった」「胸を張れ」と涙ながらに、はげまします。いささか、時代がかっていると思われるかもしれませんが、それだけ真剣に取り組んでいるのです。

そして、運動会の次の日から、次年度の運動会の準備が始まります。生徒たちは１年をかけて、運動会の準備をします。つまり、運動会当日は、運動会という学校行事の最終日にあたるわけです。

運動会の企画、審判、ルール作り、進行などはすべて、生徒が自主的に行ないます。教師は警備とケガをしないように見ているだけです。

また、運動会と言うと運動能力の高い生徒だけが目立ちがちですが、当校の場合、アーチを制作するのは美術の得意な生徒、エールを作詞・作曲するのは音楽や詩歌の好きな生徒です。したがって、運動会はまさに学園挙げての一大イベントになっているのです。

当校の卒業生が同窓会などで自己紹介をする時、「〇年卒業黄色組」などと、卒業年度と「運動会のチーム色」を言います。また、「東大に合格するより運動会で優勝したかった」と言うOBもいます。

このように、卒業生にとって、運動会は思い出深い課外活動であると同時に、開成に在学したという誇りにもつながっているのです。

課外活動のメリット① 創意工夫と達成感

課外活動に対してはさまざまな議論がありますが、私は「生徒によるミニ社会を学校生活のなかに形成するために必要」であり、「授業と共に学校教育を支える両輪」ととらえています。

繰り返すようですが、今はインターネットを開けば知識はいくらでも手に入る時代です。それでもなお学校という施設があり、そこに生徒を集める理由は、課外活動を通すと明確に見えてきます。

衛星中継で講義をしている大手予備校があるように、授業は、生徒を学校という場に集めなくてもできます。しかし、それでは教師と生徒の一対一の関係にしかすぎません。

社会は、さまざまな立場の人間が集まって構成されています。そのなかでの将来的な自分の身の振り方を考え、協調性を身につけるには、学校というミニ社会のなかで〝演習〟することが必要であり、その重要なメソッドのひとつが課外活動です。

当校では、生徒会のなかに運動会準備委員会、文化祭準備委員会、クラブ活動委員会など、学校行事の運営やクラブ活動に関連する委員会があり、クラブ・同好会は運動系、文化系、同好会を合わせると70にも及びます。

学校も教師も、生徒に対して強制しているわけではありませんが、中学１年生ではほとんど全員の生徒がなんらかの活動に属し、２～３の課外活動を掛《か》け持《も》つ生徒もいるほどです。

つまり、当校の生徒の多くは、始業前や放課後の課外活動が大好きで、自主的に課外活動に参加しているのです。このため、当校は、始業時間を８時10分（夏時間）と早めにし、14時半には６時間目の授業を終了し、放課後のサークル活動などの時間を長めに取れるように配慮しています。

生徒たちは、課外活動を楽しむために「勉強をいかに効率的にするか」「いかに集中するか」「最低限やらなければいけないことを、短い時間ですませるにはどうしたらよいか」と工夫したり、自分を律《りっ》したりして、成果を上げられるように努力しています。

その結果、自分の好きな活動場所で達成感を得た生徒は、自主性や自分の能力、価値観を見出《みいだ》し、自信を徐々に深めていきます。その経験は生徒たちの将来的な社会生活上、非常に貴重な財産になるのです。

とはいえ、課外活動は学校によって異なり、あまり活発ではないところや縮小したところもあるでしょう。その場合は、課外活動を自分の趣味などに振り替えてもいいのですが、できれば中学・高校時代は生徒どうしの集団のなかで過ごしてほしい。

年齢が近ければ喧嘩《けんか》もあるし、意見のぶつかり合いもありますが、そのような経験をすることにより、子どもたちは社会性を身につけていくのです。

課外活動のメリット② 自分の立《た》ち位置《いち》を知る

課外活動のメリットはこれだけではありません。同学年の仲間との人間関係の構築に不可欠ですし、将来の自分の立ち位置を自覚するためにも役立ちます。

当校では毎年、修学旅行（中3、高2）・学年旅行（中1、中2、高1）を行ないます。その際、運動会の準備委員会と同様に、旅行委員会が組織されます。そして、旅行委員会設立のために、まず選挙管理委員会が作られ、旅行委員の選挙が行なわれます。

旅行先の選定方法は、「〇〇方面に行きたい」と希望する生徒たちがグループを作り、プレゼンテーションをして、その学年の生徒が全員投票し、マジョリティが旅行先になるわけです。このプロセスは旅行委員会が運営します。

行き先が決まれば、きれいな旅行パンフレットが作られます。そのほか、旅行行事の役割分担、班割り、宿舎の部屋割り、旅行後の報告書の作成まで、すべてを生徒が行ないますが、これらは旅行委員会の生徒たちの主体的な作業であり、旅行会社担当者との打ち合わせも生徒が行ないます。

こうしたことを通じて、生徒たちは、「自分はリーダーとして集団を引っ張る」のか、「リーダーの指示のもとで作業をするのか」を自《みずか》ら選択し、自分の担う役割を自覚すると同時に、自主性を養います。

たとえば、リーダーシップを執りたい生徒が集団をまとめる役割を担えば、のびのびと力を発揮するはずです。逆に、旅行用のパンフレットを作っていたほうが楽しいと思う生徒は、パンフレットの編集作業を全力で行なえばいいのです。

課外活動で自分の好む仕事を担えれば、非常に心地良い時間を過ごせます。つまり、中学・高校時代に自分はリーダータイプか、参謀タイプか、あるいは専門職タイプなのかを自覚させ、さらに、これらの経験を通して「自分の好きなこと、将来的に就《つ》きたい仕事を意識させる」ことが、中等教育における重要なテーマであり、そのために課外活動は大きな役割を果たしているのです。

いっぽう、部活動は縦の人間関係の形成に大きく寄与しています。当校では部活動は中高を分けることなく、中学1年生から高校3年生まで（高校3年生は引退する場合が多いので、実質は高校2年生まで）、同じ部に所属します。

つまり、入学まもない中学生を高校2年生や3年生が直接指導するわけですから、中学1年生にとって、先輩たちは「怖くもあり、尊敬すべき人」になるのです。

また、部活動以外にも中学生と高校生が合同参加する行事に、筑波大学附属高校とのボートレースなどがあり、その応援指導などを通じて、中学生と高校生が触れ合います。13歳の〝子ども〟が17〜18歳の〝大人〟と人間関係を深めることは、中学生の成長を促すと共に、高校生の人間性やコミュニケーション能力を養うことにもつながります。

課外活動のメリット③　リーダーシップの育成

「梅檀《せんだん》は双葉《ふたば》より芳《かん》ばし」と言われるように、政治家、官僚、大企業の経営者などになった当校のＯＢたちは、中学・高校時代から積極的にリーダーシップを発揮していた人が多いようです。また、絵画や演劇など芸術好きだった人は、その頃から才能を発揮し、今も自分の進んだ道で活躍しています。彼らはやはり、中学・高校の課外活動から、多くのことを学んだことでしょう。

かく言う私も、高校2年で文化祭準備委員長を経験し、リーダーのとるべき振る舞い方を身にしみるほど学ばされました。

それは、「リーダーたるものは簡単に動いてはいけない」ということ。ある目的に向かって作業をする時、リーダーが率先して実務的な作業をすれば、自分は満足し、安心していられます。しかも、周囲から「リーダーは一生懸命やっている」と評価を受けやすい。しかし、リーダーはそれをやってはいけないのです。リーダーは全体の作業が順調に進んでいるかどうかを把握して、人の配置などを決めることこそ職務です。

最初は自分が動かないことにうしろめたさを感じますが、そこで自分が作業を行なうと、他の委員に指示を与えることができません。これでは、委員会に所属している仲間たちは何をやっていいのかわからなくなってしまいます。

リーダーたるものは、どうしても人手が足りない時以外は作業をしてはいけない。このことを、私は身を以《もっ》て感じたのです。その後、私は社会人になってからも、また現在の校長としても、高校時代に得たこの教訓が大変役に立っています。

東大や医学部など難関校にお子さんを入学させたいと思っている親は、「課外活動より志望校に合格する力をつけてほしい」と望んでいることでしょう。

しかし、ここまで述べてきたように、中等教育は大学受験だけのためにあるわけではありません。私は、生徒たちが将来的に遭遇するであろう事態に備えて、生きる力を養ったり、社会で自分の身の振り方を考える時間を提供することこそ、重要だと考えています。

課外活動をやめても、成績は上がらない

「子どもが部活動に熱中しすぎて、成績がガタ落ちです。やめさせたほうがいいでしょうか？」

このような質問を受けることがあります。親の心配はもっともですが、子どもが課外活動をやめても、空《あ》いた時間を勉強に使うことはないでしょう。

やりたいことに思いっきり打ち込めるエネルギーに溢れた子どもは、スイッチを切り替えれば、学業も伸びます。彼らのエネルギーを養う場を奪ったら、さらに成績が

落ちる可能性が高い。実際、課外活動をやめて成績が上がった生徒はほとんどいません。

やはり、心のバランスが必要なのです。子どもが課外活動をやめて物理的に空き時間を作ったので勉強する、という簡単なものではありません。それが親の強制ならば、なおさらです。

「受験を考えれば、課外活動などしないほうが有利ではないでしょうか？」とおっしゃる親も少なくありません。

確かに、受験だけを考えれば有利かもしれません。しかし、ロングスパンで見れば、課外活動による人間的な成長を享受《きょうじゅ》しないのですから、社会人になってからは不利でしょう。課外活動か、受験か、の二者択一で考えず、子どもの将来にとって、何が大切なのかを考えることが必要です。

もし、子どもが一生懸命、課外活動にはげんでいるなら、本人が「十分にやった」というところまで見守っているほうが、受験も良い結果につながる可能性が高いと思います。

アメリカでは、課外活動がない⁉

ここまで、日本の中等教育における課外活動の必要性を述べてきましたが、私がかつて在住したボストン（アメリカ）近郊のハイスクールでは課外活動はありませんでした。とはいえ、地域にはスポーツチームや音楽を行なう多くのサークルがあり、そこに所属して、熱心に活動している生徒もいました。

つまり、日本のように学校教育という枠組みのなかに課外活動があるのではなく、地域が主体となってサークルを運営する形態です。

アメリカの教育システムは、州や町により大きく異なるので、例外もあるでしょうが、アメリカでは課外活動を学校教育と完全に切り離すのが一般的です。これも、日本とアメリカの教育文化の大きな違いです。

したがって、学校のなかにある課外活動は日本の教育制度の大きな特色であり、特長と言えるでしょう。顧問や指導にあたる教員は、授業だけではなく、これらも支えているので、大きな負担を抱《かか》えています。にもかかわらず、ここまで述べてきた中等教育における課外活動の重要性を知っているからこそ、積極的にかかわってくれる教員が多いのです。

そうであれば、日本の課外活動を可能な限り利用して、充実した中学・高校時代を過ごすべきではないでしょうか。

第4章

親の役割

親の子離れ

親離れをする子ども、子離れできない親——。現代の中等教育問題や子どもの自立を考える時、これが一番大きな問題だと思います。

私は中学の入学式で、新入生たちに「合格おめでとう」、保護者には「ご卒業おめでとうございます。みなさんが子どもと密着する時期は終わりました。これからは子どもから距離を置くようにしてください」とお話しします。すると、保護者、特にお母さんたちは、嫌な顔をなさいます。

自分が手塩にかけて育てた子どもを志望校に入学させるために、どれだけ苦労したことか。それが、晴《はれ》の入学式で校長から「子離れしなさい」と言われては、「ちょっと待ってよ、私の出番はこれからでしょう」という気持ちになるのは当然です。

しかし、中学年代の子どもにとって、親から離れることは、将来の「自立」と「自律」に大きくかかわります。

子どもは成長と共に、自然に親から離れていくものです。男の子が思春期を迎えると、家では「ご飯、風呂、寝る」など、最低限のことしか言わなくなります。小学生の頃は親とべったりくっついていた子どもが中学生になると、どんどん離れていく。親としては「子どもが急に大人になり始めた、私から離れてしまう」と心配になります。

私は、子どもが第二次性徴期を迎える頃、つまり女の子は初潮があった時、男の子は精通があった時が、子離れの開始時期だと考えています。

娘が父親とお風呂に一緒に入らなくなる年齢と、息子が母親と入らなくなる年齢は、女の子のほうが若干《じゃっかん》早いとはいえ、ほとんど同じです。お母さんは、自分が何歳から父親とお風呂に入らなくなったかを思い出してください。その年齢で、子どもであったお母さんの親離れが始まったのです。

親は意識的に子離れし、子どもがひとりで生きていく力を育むことを強く自分に言い聞かせてください。

親が子どもに教えるふたつのこと

では、ひとりで生きていく力とは具体的に何か。それは大きく分けると、時間とお金を管理する力です。時間は1日24時間しかありませんし、お金を無尽蔵《むじんぞう》に持っている人はきわめて少ないでしょう。したがって、有限なものを自分なりに工夫して使うということを、親は子どもに教えなければなりません。

そこで、私は「人間が生きていくうえで最低限必要な家事（掃除《そうじ》、洗濯《せんたく》、炊事《すいじ》、衛生管理など）を限られた時間内に手際《てぎわ》良くできるように、中高の6年間で身につけさせてください」「息子さんが高校を卒業したら、ひとり暮らしをさせるか、1カ月間両親が家を空けても、子どもが飢え死にしないようなトレーニングをしてください」とお願いしています。

子どもがひとりで生きる力を養うということは、親は子どもから、子どもは親から自由になるための重要なステップです。その力が中高6年間に養われていないと、子どもの将来に大きな禍根《かこん》を残します。

将来的に、実家から遠く離れた大学にどうしても習いたい教授がいるから進学したい、あるいは海外の大学に留学したいと思っても、ひとり暮らしができなければ難しい。まさか、母親が遠方の大学や海外までついていくわけにもいかないでしょう。

高校卒業後、向学《こうがく》の志《こころざし》に燃える子どもの人生が、学業以外の問題でブレーキがかかるとすれば、大変残念です。その意味からも、中高６年間に、子どもに自立を促すことが大切なのです。

お金の教育

子どもにお金の管理をさせるには、定額制のお小遣《こづか》いが有効です。教材費などは別にして、書籍代、被服費、友人たちとの遊興費《ゆうきょうひ》など、限られたお小遣いのなかから、どのように配分するのが最適なのか、を子どもに考えさせるようにしてください。

小学校時代は、「お母さん、あれ買って」「お父さん、これ買って」と言えば、欲しいものを買い与えられた子どもも少なくありません。しかし、それではいつまでたっても子どもはお金に対する価値観を身につけられません。

子どもが中学生になったら、「親の稼ぐお金で食べている」「教育を受けている」「お金は計画的に使う」といったことを最低限、意識させてほしいと思います。

さらに、「お金は稼ぐものである」ということを教えてください。そのためには、昔のお駄賃《だちん》に相当するような、お手伝いをしたらお金がもらえるといった教育を行なうのもいいでしょう。

高校生のアルバイトには賛否両論あり、禁止している学校もありますが、私は個人的には、やらせてもいいと思います。中高6年間、一生懸命勉強して、課外活動に参加し、家事を覚え、さらにアルバイトとなると、とても時間が足りないと思われるかもしれません。

しかし、それがまさに限りある24時間の配分を考える、ということです。自分自身が時間配分を行ない、自分が生きるために獲得しなければならない知識や技術を含めた生活力を身につける訓練を積むことにより、自己規制がかかり、自律性が養えるのです。

子どもの睡眠時間

不登校や引きこもりが社会的な問題になっています。そして、その多くは、昼夜逆転生活による体内時計の狂いが関与していると言われています。

体内時計とは、地球の自転周期に同調する生体《せいたい》リズムのこと。簡単に言えば、人間は朝になれば目覚め、夜は眠くなるという生活リズムです。このリズムが長期的に狂い続けると、単なる夜ふかしや朝寝坊というレベルを超えて、完全に昼夜逆転生活に陥《おちい》るばかりか、体温、ホルモン分泌《ぶんぴつ》、心拍数など生体機能のリズムが狂い、健康被害につながるケースも報告されています。

このため、私は中学生はもちろん、大学受験を控える高校3年生にも「深夜まで勉強するのではなく、朝早く起きて学習しなさい」と指導しています。

家庭でも、子どもが朝自分で起床できるようになるまで、スマートフォンやインターネットは21時前には打ち切らせ、23時までに就寝させるようにしてください。それが、昼夜逆転生活を防ぐための、簡単でもっとも効果的な方法です。

人間の睡眠時間は、一般的に7〜8時間と言われています。しかし、個人差が大きく、「1日4時間の睡眠で十分（短時間睡眠者）」と言う人や、「9時間以上寝ないと満足できない（長時間睡眠者）」人もいます。また、大学受験、高校受験、定期考査のために、「寝ていられない」と言う中高生もいるでしょう。

このように、睡眠時間は人によりマチマチですが、中高生に守っていただきたいのは、先にも触れた23時には就寝すること。なぜなら、この年代の子どもたちの成長に不可欠な成長ホルモンは、就寝中の23〜2時までに活発に分泌され、1日の疲労を取り除いたり、体調を整えたりするからです。

また、意外かもしれませんが、睡眠中でも脳は活発に働き、情報を整理したり、記憶を脳に定着させたりしています。つまり、記憶力を高め、効率的に勉強するためにも睡眠管理が大切なのです。

自己肯定感を育てる

ここまで、時間、お金、睡眠の管理の重要性について述べてきましたが、ここからは、子どもの内面的な成長に不可欠な「自己肯定感」の醸成について話していきます。

自己肯定感とは文字通り、「自らの価値や存在意義を肯定できる感情」。簡単に言えば、「自分自身に対する満足感」ですが、日本の若者は諸外国と比べて著しく低いと

図表4　若年層の意識

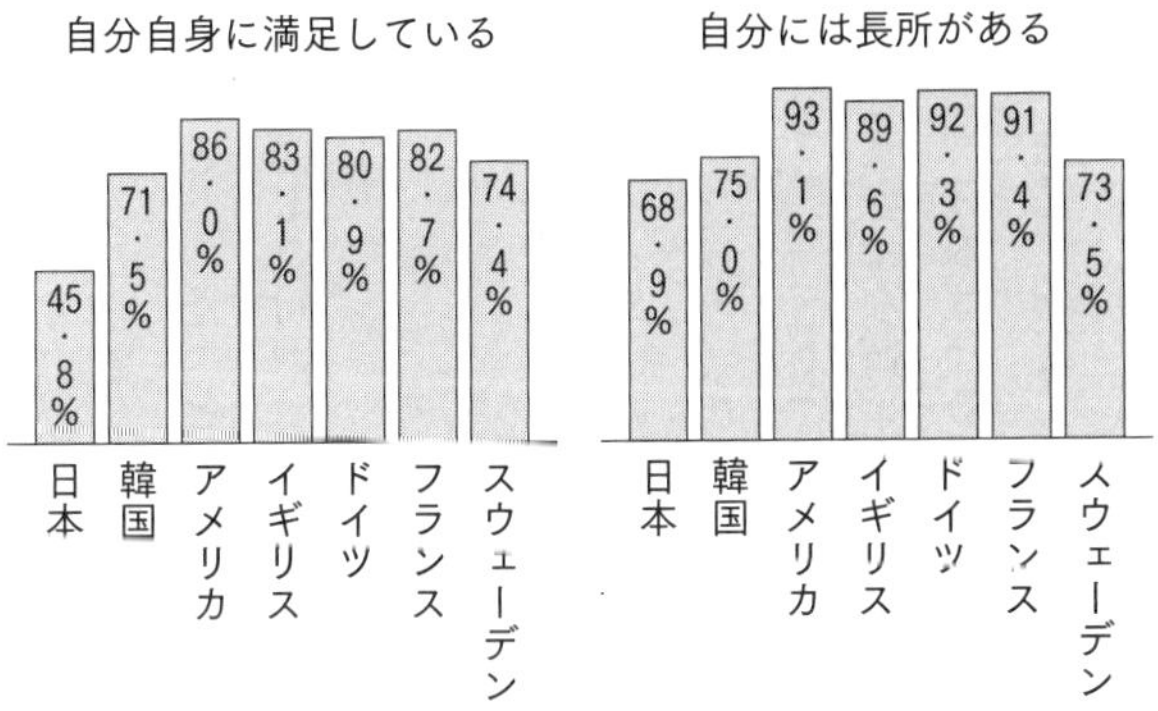

※各国の13〜29歳、1000〜1200人を2013年に調査

（内閣府「平成26年版 子ども・若者白書」）

されています。

図表4を見ると、「自分自身に満足している」という項目では、日本人（13〜29歳まで）は45・8％しか満足感を持っていないのに対し、アメリカ人は86・0％とほぼ2倍、韓国も高く71・5％です。

また、自分には長所があると思う日本人（同）は68・9％と、欧米諸国（アメリカ93・1％、ドイツ92・3％、フランス91・4％）を大きく下回ります。つまり、日本の若者は諸外国に比べ、自己肯定感も自信も持っていないのです。

現在、社会はあらゆる分野でグローバル化が進展していますが、今の中高生たちが大人になる頃、つまり5年後、10年後は、今とは比較にならないほど国際化の波にさらされていることでしょう。その時、彼らは、「俺はこの仕事をやるためにこの世に生まれてきたのだ」と自信をみなぎらせ、高い自己肯定感を持った同年齢の外国人を相手に競争しなければなりません。はたして、彼らは競争に勝ち、生き残っていけるのか？

しかし、どうしてこんなことになったのでしょう。日本の教育にどこか欠けている部分があるのでしょうか。

私は、日本と外国の子どもに対する家庭教育の方向性の違いが原因だと思います。たとえば、アメリカの親は子どもの長所を伸ばすために、幼児の頃から「very good（とても良い）」「great（立派だ）」「excellent（見事だ）」「amazing（驚くほど良い）」などと、さまざまな言葉を使って、さかんにほめて育てます。

対して、日本はほめるより、「どうしてできないの」「これができるようにがんばりなさい」など、不足している部分を埋めようとする親が多い。

子どもに自己肯定感を持たせるためには、子どもの不足部分を補うより、長所を伸ばすためにほめることです。ほめられなければ、自己肯定感など持てるはずもありません。

重要なのは、子どもに「自分がなぜこの世の中に生まれ、自分がこの世の中で果たすべき役割は何か」を感じさせることです。生きるうえでの自己肯定感——自分のなかで肯定できるもの——を持ってさえいれば、子どもは自分の人生をきちんと生きていけます。

水平認識と垂直比較

ところが、たいてい、日本の親はほめるのが下手で、「何をどのようにほめたらよいかわからない」人が多いようです。

もちろん、定期考査の成績が良かったり、運動会で一等賞を取ったりすれば、誰でも子どもをほめることでしょう。しかし、定期考査や運動会が日常的にあるわけではありません。また、ほめるポイントが他人との比較、結果だけというのでは、子どもの心の成長に、あまり良い影響を与えません。

ほめるということは、親の価値観を明確に子どもに伝達することです。親が結果だけをほめていると、「大切なのは結果だけ」と子どもは思い込んでしまいます。教育は「途中経過」が大切です。

では、子どもをどのようにほめたらいいのでしょうか。

私が創った言葉に「垂直比較」と「水平認識」があります。垂直比較とは、時間を尺度にして子どもの成長を観察することです。

たとえば、小学校中学年の子どもと、中学校に入学する子どもには2～3年間の月《つき》日《ひ》が流れています。この間、まだ幼さを残していた子どもの身長は伸び、言葉遣いや考え方もしっかりしてきたはずです。また、3カ月前までは、ごみ屋敷のように自分の部屋を散らかしていた子どもが、最近はきれいに整頓《せいとん》し、学校のプリントなどがすぐ見つかるようになった、というのも変化です。

つまり、過去と比べて、「こういう部分が成長した」「○○ができるようになった」と親が認識し、「がんばったね。これだけできるようになったのはすばらしい」と肯定的に表現するのが垂直比較です。

これに対し、水平認識とは、子どもと同じ年齢の周囲の子ども、もしくは同じ年齢の頃の自分と比べて、子どもの現状を認識することです。

場合によっては「他の子どもより劣っている」こともあるかもしれませんが、それはその子の個性です。それを子どもに指摘するのではなく、「そこまでできる子どももいる」と親が冷静かつ客観的に認識するだけにとどめておきます。

そして、この認識を持ちながら、子どもと向き合う時は垂直比較で子どもが成長した部分をほめていけばいいのです。

指示待ち族

子どもをほめるコツは、前項で述べたように、垂直比較をして子どもの成長を肯定的に表現することです。反対に「こんなことをしたら、ダメじゃないの」と親に否定されると、子どもはどのような反応をするでしょうか。

たとえば、子どもの行なったAという行為に対し、親が「なんでこんなバカなことをするの」と言ったとします。すると子どもは、「Aはやってはいけない。じゃあ、

Bという行為をしてみよう」と考えます。

そして、Bを行なった結果、「おまえ、まだそんなことやっているの」と再び否定されると、次に何をやろうかと考えるエネルギーのある子どももいれば、「2度あることは3度ある。また否定されるなら、やらないほうがいい」と思う消極的になる子どももいます。

すると、消極的になった子どもは、親に「これをやりなさい」と言われたものだけをするようになります。そして、そのような形で成長すると、やがて指示がなければ動けない、〝指示待ち族〟になりがちです。

最近、大学や会社でも、教授や上司の指示がなければ、動かない人が多くなったと言われていますが、そのような若者を作ったのは、親をはじめとする大人たちの責任です。

子どもが自発的にやろうとした行為を親が受け入れない。つまり、否定され続ければ自己肯定感など持てるはずもありません。

ほめることと甘やかすことの違い

ここで重要なのは、ほめることと甘やかすことの違いです。これをうまく区別できない親が多いようです。

ほめるとは、具体的な項目に関して評価することです。「部屋を掃除できるようになった」「何回も揺《ゆ》り起こして、ようやく起床した子どもが、自分のセットした目覚まし時計で起きられるようになった」というのも、すばらしい進歩です。

その時、「ひとりで起きられるようになったね。おまえ、大人になったよ」と、ほめる。「大人になったね」と「さすがだね」という言葉は非常にいい日本語で、これを言われた子どもは、素直にうれしくなるものです。さらに、具体的にほめると、親の価値観が直接、子どもに伝わります。

これに対し、「あなた、かわいいね。いい子だね」のような、具体性に欠ける評価は、単なる甘やかしにすぎません。

ほめることは何度も言うようですが、子どもの自己肯定感の醸成に大きくかかわります。もし、小学校まで子どもを甘やかしていたと思うなら、中学校からは、子どものいいところを一生懸命探して、具体的にほめるようにしてください。

成長時期によって異なる叱《しか》り方

いっぽう、叱ることは難しい。読者のなかにも「どのように子どもを叱れば、言うことを聞くようになるのだろうか」と悩んでいる人が多いのではないでしょうか。

子どもの叱り方は、発達段階により異なります。たとえば、幼児期のように「論理が理解できない時期」は、「それは、だめ」と言ってもわからないので、特に身の危険に関することについては、言葉だけではなく物理的な力も必要です。

たとえば、沸騰《ふっとう》しているやかんに触《さわ》ろうとしている時は、あえて一瞬、子どもに触らせ熱さを経験させるのです。子どもは一度熱さを知れば、二度とやかんに触ろうとはしません。

その次は、「論理的に叱る時期」です。

ある程度、理屈《りくつ》っぽくなる小学年代では、「してはいけないことを、なぜしたのか」という理由を、なるべく多く子どもに話をさせます。すると、いろいろな理屈を言うでしょうが、最後に理屈は破綻《はたん》します。その時、「だから、だめでしょう」という言い方をすれば、子どもは「なぜいけなかったのか」を理解するものです。

この時、親が怒鳴ったり、興奮したりすると、子どもに論理が伝わらず、ただの喧嘩になってしまいます。叱る時、親は徹底的に冷静でなければなりません。

また、大切なのは、両親が同じ波長で叱らないようにすることです。たとえば父親が叱り、母親が子どもを受け止める、あるいはその逆といった分担がベストです。

というのも、父親がいくら論理的に叱っても、子どもは納得できず、あとから不平不満を母親にぶつけてくるでしょう。その時、「お父さんは外で一生懸命働いているので、おまえの言うことをなかなか理解できないかもしれないけれど、お父さんが言いたかったことはこういうことなのよ」と言ってあげると、子どもにも救いがあるわけです。

その次は、「ペナルティーを科《か》す段階」です。

たとえば、中学・高校でカンニングをすれば、それは明らかに処分の対象です。ただし、人間は過《あやま》ちを犯《おか》すものですから、私は1回目は指導することに力点《りきてん》を置きます。しかし、2回目は許さない。サッカーのように最初の反則はイエローカード、2回目はレッドカードという警告法は、社会の制度を一番よく表わしていると思います。

しかし、ルール違反をしても一回は諭《さと》す、といった形でいいのは、高校生まで。18歳を超えて法律を犯せば明らかに刑法犯であり、大人とまったく同じ扱いでかまいません。

最近の親たちは、子どもを叱ることを避《さ》ける傾向が強いですが、叱る時に叱っておかないと、そのツケはやがて子どもの人生に跳《は》ね返《かえ》ってきます。

親がもっとも考えなければいけないことは、再三述べるようですが、子どもが自立して、自分で稼いで生きていけるようにすることです。そのために、叱る時は叱るのが、親の責任だと思います。

自信の歯車を回す

教育者を長年《ながねん》続けていると、生徒があるタイミングで〝急激に伸びる〟瞬間に立ち会うことがあります。これを、私は「自信の歯車が回った」と表現しています。教育者の役割は、生徒たちの自信の歯車を回すことであり、この歯車が上手に回れば、誰でもぐんぐん伸びていくものです。

たとえば、中高生の場合、国語、英語、数学、理科、社会の5科目のなかで自信の歯車を回しやすいのは数学です。同じ時間勉強し、努力をしたなら、国語や英語より、簡単に数学の成績は上がります。この時、「よくがんばった。やればできるじゃないか。他の科目もやってごらん」とほめてあげれば、他教科の成績も自然と伸びていきます。

このようなケースを私は何度も経験してきましたが、自信の歯車は学校だけではなく、家庭でも回すことができます。

ある講演会で、小学生の親から「先生、うちの子どもは運動ばかりしていて、全然勉強しません。どうしたら、勉強するようになりますか？」という質問を受けました。

よく話を聞くと、その子どもはテニスが好きらしいので、「それなら、テニスが上達できる本を買ってきて、一緒に読んでください。それは大人の本でかまいません。わからない漢字が出てきたら、一緒に辞書を引くといいでしょう」と答えました。

つまり、子どもの好きなものに興味を引かせ、きちんと本を読めばテニスが強くなる、今まで勝てなかった相手に1回でも勝てた、という経験ができれば、子どもはおおいに自信を持つようになるのです。

したがって、親が子どもの自信の歯車を回すためには、その子はいったい何が好きなのか、何をしている時に一番生き生きしているか、を観察する必要があります。

「ギフト」を見つける

「ギフテッド（gifted／天賦《てんぷ》の才《さい》を持った人）」という言葉を聞いて、読者のみなさんは誰を思い浮かべますか？　物理好きならアインシュタイン、音楽好きならモーツァルト、スポーツ好きならイチローやメッシあたりでしょうか。

確かに、彼らは歴史に名を残す秀《ひい》でた才能を持った人々ですが、「ギフト（gift／才）」は偉大な先人ばかりではなく、あなたの子どもを含めたすべての子どもが持っています。ある子どもは幼児の頃から絵を描くのが好きだった、ある子どもは読書が好きで本ばかり読んでいた、というように、垂直比較をすると、その子の個性が見えてきます。

私はそれを「ギフトの芽《め》」と言っていますが、その芽を見つけて育ててあげることが親の役割だと思います。

前項で、子どもの自信の歯車を回すためには、「その子はいったい何が好きなのか、何をしている時に一番生き生きしているか」を親は観察をする必要があると述べました。それは、ギフトの芽を見つける時も同様で、その観察力を顕著に発揮したのが、全盲のピアニスト辻井《つじい》伸行《のぶゆき》さんのご両親です。

辻井さんは生まれた時から目に障害を抱えていたうえ、「同じ年齢の子どもたちに比べ、すべての面で発達が遅れがちだった……」と、母親いつ子さんのブログには綴《つづ》られています。

しかし、ショパンのピアノ曲を聴かせると、足をバタバタさせてリズムを取り、玩《がん》具《ぐ》のピアノの前に座らせると、自分でものすごい力で弾《ひ》き始めたということです。

その後、辻井さんは二〇〇九年にアメリカで行なわれたヴァン・クライバーン国際ピアノコンクールで、日本人としてはじめて優勝し、今やコンサート・ピアニストとして世界中で活躍しています。彼の人生は、鋭《するど》い観察眼を持ったご両親の気づきによって花が開いたのです。

とはいえ、「好きなもの、やりたいものを子ども自身がわかっていない」などの嘆《なげ》きが聞こえてきそうです。それはおそらく、親が、子どもを指示待ち族にしてしまったからではないでしょうか。

しかし、焦る必要はありません。中高6年間に多くの友人、先輩、後輩と交わるなかで、自分自身のギフトの芽を見つける生徒も多い。そのためにも、学校というミニ社会は必要ですし、課外活動は重要なのです。

2対1の法則

前項までに子どもの内面的な成長を促すために、親は何をすべきかを論じてきましたが、ここからは、実際に中高生を持つ親と家庭の役割を具体的に見ていきます。

まず、現役の中高生を持つ親は、子どもに「自分は親から信頼され、受け入れられている」という感覚を持たせ、子どもが家に帰ってくることが楽しいと感じるようにすることが何より大切です。

家庭のムードが険悪だったり、家にいても楽しくなかったりすれば、子どもはやる気を失い、最悪の場合は部屋に引きこもったり、非行に走ったりします。逆に、居心地《いごこち》が良ければ、子どもは家庭のなかで、親が望む行動を取るようになるものです。

たとえば、モバイルPCやスマートフォンは、親の目の届くリビングルームで使わせることが望ましい。生徒のなかには、読書や勉強もリビングで行なう子どももいます。このように、中学・高校年代の子どもは基本的に、家庭内のオープンな場で過ごさせ、自分の部屋にこもる時間をなるべく少なくしたほうがいいでしょう。

さらに大事なことは、子どもとの会話です。それは具体的なテーマを決めて話す必要は必ずしもなく、テレビ番組やニュースの話、あるいは野球やサッカー中継を見ながら、親子で贔屓《ひいき》のチームを応援するのもいいでしょう。

その時、子どもに3分の2以上話をさせ、親は3分の1以下にとどめます。つまり、子ども2、親が1という割合です。このような会話を続けていけば、自《おの》ずと子どもが楽しいと思える家庭環境ができあがります。これは、居心地のいい環境を求める子ども自身も望んでいることなのです。

「勉強しなさい」と言ってはいけない

中高生になった子どもに、親が「勉強しなさい」と言ってもほとんど効果がありません。親が勉強を教えられるのならいいのですが、そうではない場合、親に言われて子どもが勉強をするわけもなく、ただ親子関係を悪くするだけです。親は言いたくても、我慢《がまん》したほうがいいでしょう。

また、小学生の時は「○○ちゃん、今日、学校どうだった?」と聞いていたかもしれませんが、中学・高校に進んだら、「あなた、学校はどうなの?」などと聞くのはやめたほうがいいでしょう。

反抗期を迎えた彼ら、自立心が芽生えつつある彼らにそのように接すれば、「うるさいな」と返ってくるのがオチです。

もし、子どもの友人関係などを知りたいのなら、友達を連れて来させるのが一番です。親と話をしない子どもも友人とはいくらでも話すので、時たまお茶やお菓子を出して、どのような友達とつきあい、どのような会話をしているか、さりげなく聞いているだけでも、学校での子どもの様子がわかってきます。

子どもの生活が乱れてくると、つきあう友人も変わります。あまり好ましくないと思われる友達が増えてきたら、注意したほうがいいでしょう。

母親が専業主婦か、共働《ともばたら》きか？

父親と母親は子育てにおいて同等の役割を担っています。

一九六〇～一九七〇年代は、「男親が働いて家計を支え、母親は専業主婦として、家事や子どもの面倒を見る」形態がほとんどでした。このため、幼児期はもちろん、小学校～中学校の義務教育までは母親が教育し、高校や大学進学の段階で、ようやく父親が相談に乗るケースが一般的だったのです。

しかし、現代は共働き世帯が多数を占めます（二〇一二年58・8％、内閣府）。このため、子どもの教育は母親に任せておけばよいという時代から、両親が相当の役割を担い、協力して子どもを育てる時代に進化したのです。

今、私は「変化」ではなく「進化」という言葉を使いましたが、これは次のような理由です。

母親（専業主婦）が子どもを教育するメリットは、幼児期から小学校低学年までに限定される、と私は思います。なぜなら、両親が共働きで時間に追われていれば、子どもはどうしても家事を手伝わなければなりません。

もし、そうでなければ母親の負担が大きくなりすぎます。子どもも小学校中学年から中学生になれば、手伝えるものは手伝うという責任を、家族の一員として自覚するので、共働き世帯のほうが子どもを幅広く育てることができるとも言えるのです。

中学校以降は何度も言うようですが、子どもが本能的に親離れをする時代です。親から離れていく速度に合わせ、親が子どもに責任を与えることは、中等教育のなかでは非常に大切なことだと思います。

その意味で、共働きで子どもに負担をかけるのはデメリットではなく、自立心の養成に役立っているのではないかと思います。

父親と母親の役割の違い

とはいえ、共働き世帯でも、子どもと接する時間は母親のほうが相対的に多いでしょう。その結果、父親より母親との距離が近すぎる子どもが多くなり、特に男の子にさまざまな弊害が指摘されるようになりました。

というのも、親は同性の子どもには厳しく接し、異性の子どもには甘くなる傾向が強いのです。親にとって、子どもが小学校以前は性的に分化していないので、男の子も女の子も自分とまったく異なる生き物ですが、性的な分化が始まり、初潮や精通があると、同性の子どもなら何を考え、何に興味があり、体のなかで何が起きているか、自分も経験しているので理解できます。しかし、異性の子どもはわかりません。

このため、母親と接触時間の長い女の子は、体の生理、家事など学業以外のことも厳しく躾《しつ》けられます。しかし、同様に母親が男の子と長く接しても、子どもの体や気持ちの変化についてよく理解できないため、甘やかしてしまう傾向が強いのです。

『万葉集』に「銀《しろがね》も金《くがね》も玉《たま》も何せむに勝《まさ》れる宝子《たからこ》にしかめやも（山上憶良《やまのうえのおくら》）」と歌われたように、親にとって、子どもはどんな金銀財宝より大切な宝ですが、かわいがると同時に、体に合わせた生きる術《すべ》を教えることは親の役目です。

しかし、自分が経験したことのない異性に、その術を教えることは困難です。その結果として、異性の子どもにはかわいさが先行してしまうのでしょう。

一般的に、中学年代の女の子は、生理的な体の成長はもちろん、学業を含めた成長速度は男の子を凌《しの》ぎます。つまり、男子より女子は大人になるのが早いということですから、第1章でも触れたように、男女共学の中学・高校では女子がリーダーシップを執ることが多くなります。

したがって、父親は同性の子ども、つまり男の子と接触する時間をなるべく増やすようにしてください。そして、子どもの悩みを聞いたり、成長段階に合わせた経験上のアドバイスをしてあげたりすることが、男の子の成長に大きな影響を与えることを理解し、積極的に子どもの教育にかかわるようにしてください。

性教育

「あなた、彼氏できたの？」「おまえ、変な女の子とつきあっているんじゃないだろうな」

中学・高校年代の子どもを持つ親であれば、自分の子どもが異性とつきあっているかどうかは気になることでしょう。しかし、思春期の子どもに対しては、つきあっている相手がいる・いないことを知っておくことも大切ですが、それよりも、避妊の方法、性病のこと、特に女の子には妊娠やレイプの問題など、具体的な項目について話したほうがいいでしょう。

性に関する話題は、子どもと話しづらいと思います。しかし、女の子のいる家庭では、性に関してきちんと母親が話をしておくべきです。女の子はある意味、被害を受ける側です。話しづらい時は、性について書かれた本を娘と一緒に読んで、正しい情報をきちんと伝えることが大切です。

いっぽう、息子への性教育は、父親が目を配るべきでしょう。やはり、同性だからこそわかることもあるのですから。

インターネットには、性にまつわるさまざまな情報が氾濫《はんらん》しています。インターネットに書かれていることが本当なのか・まちがった情報なのか、娘は母親と、息子は父親と話をする必要があると思います。

過激な動画などがアップされているアダルトサイトは、18歳以下入室禁止になっていますが、いずれも有名無実です。年齢はいくらでもごまかせるので、ネット環境があり、子どもがPCやスマートフォンを持っていれば、閲覧を防ぐことはできません。

また、スマートフォンの月々の料金などに注意して、使用料が急に増えた時は、なぜ増えたのか、子どもから聞き出すようにしてください。

犯罪への対処法

「中高生によるゲームソフトやコミック誌などの万引が多発している」「万引被害により、倒産した書店もある」などと、たびたびマスコミが報道しています。

確かに、万引を軽く考え、ゲーム感覚で実行する子どももいるでしょうが、万引は窃盗《せっとう》という犯罪ですから、厳格に対処しなければなりません。

もし、「お小遣いで買えないような物品を子どもが持っている」、あるいは「子どもが万引をしているのではないか」と疑える時は、「これはどうやって手に入れたの？」と、父親が根掘り葉掘り子どもに聞くことです。すると、必ず矛盾《むじゅん》が出てくるので、そこを突いて事実を確定することです。

そして、子どもが万引を認めれば、盗品を親と一緒に返しに行き、謝罪し、代金を払う。帰りがけに、「親に二度と頭を下げさせるんじゃないよ」と子どもを諭せば、再犯を防げる可能性は高いと思います。

被害を受けたコンビニエンスストアや書店なども、初犯であれば、学校に通報することは稀《まれ》です。警察には通報する場合がありますが、警察から学校への連絡はほとんどありません。

このため、万引などに対する学校の指導には限界が出てきます。だからこそ、刑事罰にかかわるような不法行為の防止には、家庭での教育や矯正《きょうせい》が必要です。特に、盗癖《とうへき》、放火、性的犯罪の再犯率は高いので、注意深く対応しなければいけません。もし、同じことを繰り返すようであれば、もう親の手に負えないと考えたほうがいいでしょう。

つまり、初犯の時の親の対応が重要なのです。「親への腹いせで万引をした」というケースも考えられるので、初犯の段階からカウンセラーのもとできちんとした治療を行ない、更生《こうせい》させることが望ましい。

それでも2回目が起きたとしたら、親が警察に告発するべきです。もし、ここで、親が世間体を考えて、警察に連絡もせず、うやむやにすると、「なんだかんだ言っても、最終的には許されてしまう」と、子どもは思います。それでは、さらに罪を重ねることにつながりかねないし、親と子どもの力関係が逆転します。

つまり、「俺がまたやると、親は困るだろう。万引しないから金《かね》出せよ」ということにもなりかねません。これは、幼児反応そのものです。

中高生になっても、欲しいものが手に入らないと、手足をバタバタさせて泣き叫ぶ幼児と同じレベルですから、絶対に許してはいけません。ここで甘やかすと、子どもの将来に大きな禍根を残すことは言うまでもありません。

いじめのサインを見つけたら

今の教育現場で一番の問題は、いじめです。

子どもはいじめられていても、親に心配をかけたくないと思い、なかなか言いません。しかし、子どもが学校に出かける時間の変化や、子どもの様子を親が注意深く観察すれば、いじめの有無《うむ》は判断できます。

たとえば、子どもが朝早く楽しげに学校に行っている、部活動などに一生懸命打ち込んでいると見受けられれば、いじめはないと考えてよいでしょう。

しかし、家を出る時間がだんだん遅くなってきたり、学校に行かなくなったりすると、いじめられている可能性も出てきます。あとはお金の使い方もチェックしてください。いじめられて、金品などを要求されれば、出ていくお金が増えますから。

子どもは言わないけれど、いじめを受けているのではないかと認識した時は、すぐに学校に伝えてください。子どもは学校と家庭で大部分の時間を過ごすのですから、学校にさまざまな不安や問題があれば、学校に言わなければいけません。

もし、学校とそのような信頼感がなければ、厳しいようですが、公立であろうが、私立であろうが、その学校に子どもを通わせる意味はありません。「孟母三遷《もうぼさんせん》」という言葉が残っているくらいですから、子どもが教育を受ける環境には、注意を払ってください。

学校を選ぶ時は、その学校に子どもを託《たく》せるか・託せないか、具体的にはいじめに遭《あ》った時、その学校の教師が信じられるかどうか、という前提で選ぶべきです。進学実績や偏差値よりも、よっぽどそのほうが重要です。

とはいえ、親が事前に入手できる情報は、偏差値や地域の評判などに限られるので、その学校を受験するなり、進学する前に、ツテを頼って在校生やOBに話を聞いたり、文化祭や運動会を見に行って生徒の様子を観察してください。

生徒たちが楽しげに、さまざまな活動をしていれば、自分の子どもも同じように楽しい学校生活を送れるはずです。しかし、生徒に覇気《はき》がなく、つまらなそうな様子なら、その学校は避けたほうがいいでしょう。生徒たちは、学校の様子や雰囲気をまさに具体的な行動で表わしているのです。

いじめへの対処法

前項で、いじめのサインを見つけたら、学校に言わなければいけない、と述べました。しかし、それを子どもに言わないほうがいいでしょう。

また、話す先生も、クラス担任を選ぶのか、部活動の顧問を選ぶのか、あるいは校長を選ぶのか……そのあたりは、親の教師を見る力量ですが、誰に話してもすぐに対応してくれなければ、あまり期待できません。

いじめは〝芽〟のうちに摘《つ》み取れば、やめさせることは簡単です。そのきっかけが、保護者からの申し出であれ、生徒からの通報であれ、いじめの可能性がある時は、教師はすぐに動かなければいけません。

「開成でもいじめはありますか?」と聞かれたことがあります。その時、私は「あります。常にその可能性を認識し、いじめの芽を見つけた時はどのように対処するか、学校全体で態勢を整えています」と答えています。

子どもの社会は、大人の社会のミニ版です。大人の社会にパワハラ、セクハラなどのハラスメントがあるということは、子どもの社会にもハラスメントがあると認識すべきです。そして、人生経験が不足している子ども社会では、大人社会にある軋轢《あつれき》が、より深刻な状態になりがちです。

「いじめ」と「ハラスメント」と言葉は違いますが、老若男女、人の集団にはいじめやハラスメントがありうると考えることが大切なのです。

では、当校はどのように対応しているか。

具体的には、先生方が手分けして、いじめに関係していると思われる生徒全員から状況を聞き取ります。何月何日の何時にどのような会話があり、その子に対して何をしたのか、日時を遡《さかのぼ》ってすべて調査して事実関係を固めます。この調査はものすごく手間と時間がかかりますが、生徒たちから何度も聞き取るうちに、本人たちは「ここからは、やってはいけないことだった」と理解するのです。

このようにいじめがあるということを前提に、生徒たちの関係を考えますが、対応には非常に時間がかかるので、多発した時には手が回らなくなる可能性もあります。

もし、そこで子どもがいじめに遭ったら、親は学校をやめさせるくらいの覚悟を持ったほうがいい。学校のなかで、子どもが身の置き所《おきどころ》をなくしたら、そこから救い出すしかありません。それが子どもを守る親の役割だと思います。

結局、いじめを受けている子どもには、逃げ込む場所がどこにあるか、をきちんと感じさせてあげることが大切です。学校でいじめを受けても、「家庭は、親は自分を支えてくれる」という思いを子どもが持てば、そこから先はどのようにも展開できるのです。

ひとり暮らしのすすめ

「子どもが大学に入学したら、自立させるためにひとり暮らしをさせてください」

私は高校生の保護者を対象とする講演会などで、必ずこのようにお話しします。すると、「自宅から通学できるのに、なぜ家から出さなければいけないの。経済的にもけっして軽い負担ではないのに」といった疑問が寄せられます。

私は、現在の生活水準を維持したまま、子どもにひとり暮らしを始めさせてください、と言っているわけではありません。それより、親がかりで学生マンションに入居させ、生活費の面倒をすべて見るというのでは、かえって、子どもの自立を妨《さまた》げる弊害のほうが大きいと思います。

子どもを家から出す時は、一度、生活水準を下げさせることです。四畳半一間《ひとま》のアパートや、学生寮に住まわせてもいいでしょう。たとえば、東京大学の三鷹国際学生宿舎の月経費《つき》は1万2000円程度ですから（二〇一五年九月現在）、食費を含めても月に6万〜7万円あれば生活できます。これなら、子ども自身がアルバイトで賄《まかな》うことも可能です。

さらに、料理や家事も自分でやるようにしなければいけません。ひとり暮らしを始めても、洗濯物を1週間分まとめて実家に持ち帰る、という学生もいるようですが、これでは意味がありません。煩雑な家事をこなし、苦しいアルバイト生活を送るからこそ、「なんのために大学に通っているのか」「大学で何を学ぶのか」と本質的に考えることになるのです。

ところで、今の日本と中国の若者では、どちらが生活の豊かさを実感しているでしょうか。

それは明らかに中国です。実際の生活水準を比較すれば、日本のほうが中国より未《いま》だに5倍も10倍も高いですが、中国の若者は今年は去年より暮らしが豊かになっている実感を持っているはずです。つまり、生活水準が右肩上がりであると感じることができれば、今の生活の豊かさを実感することができるのです。

ところが、日本のように豊かになると、これ以上の国全体としての経済成長は難しいため、大学に行く若者の生活水準をさらに高めることは不可能ですし、その欲求もすでにありません。

その意味からも、子どもが大学生になったら生活水準を一度下げ、徐々に自分の力でステップアップしていく実感を持たせることが大切です。また、大学へ実家から通わせるケースしか選択できなかったとしても、社会人になったら、必ず家から出すべきです。

社会人1年目はお金も地位もありませんが、居心地のいい環境をいったん断《た》ち切り、そこから、自分の力で一段一段、階段を上るように努力する。そうしたなかから、若者は自分に対する自信が芽生え、たくましい大人に成長するのです。

第5章

大学受験と進路選択

東大生の三つのタイプ

ここからは本著のまとめとして、中等教育から高等教育への通過点となる大学受験に関するさまざまなテーマを取り上げます。まず、大学で伸びる人と伸び悩む人、卒業後に社会に出て成功する人と成功できない人がいるのはなぜか、東京大学の学生を例に挙げ、考えてみたいと思います。

東大大学院の教授だった私が見た東大生は、「燃えているグループ」「燃え尽きたグループ」「冷《さ》めているグループ」の3グループに大別されます。

燃えているグループは、地方の公立高校出身者が多く、そのほとんどは単身上京し、下宿や寮などでひとり暮らしをしています。新しい環境のなかで生活をすることで、彼らは精神的にも成熟します。

このため、大学で何を学び、卒業後はどのような進路（就職あるいは大学院進学など）を選択するか、学生自身が明確な目標を持てるようになり、学業的に優秀な成績を修め、社会に出てからも精力的に働き、自己肯定感の強い職業生活を送ることができるでしょう。

燃え尽きたグループは、東大に合格することだけを目標に、教師や塾の講師の指導のまま、受動的にテキストや問題集をこなしてきた学生たちです。彼らは、入学した時点で、すでにゴールに辿《たど》り着いています。そのうえ、中等教育の時代に学校や塾で、勉強方法から時間配分まできめ細かく指導されてきたので、自分流の勉強法が身についていません。大学では、教授の指導はありますが、「これを読み、このように勉強しなさい」などと、手取り足取り教えてくれるわけではありません。

すると、このタイプの学生は、学問の目的や学ぶ意味を見失い、途方《とほう》に暮れてしまいます。その結果、なんとか卒業できても、就職時の入社試験や入社式に親がついていかなければならないような自立できない人間ができあがります。これでは、先が思いやられます。

いっぽう、冷めたグループには首都圏の進学校出身者が多く、そのほとんどは自宅から通学しています。つまり、高校時代と生活環境はまったく変わらず、大学のキャンパスにも出身高校の友人や先輩がたくさんいます。このため、大学で自分の立ち位置や居場所を新たに見つける必要もありません。

彼らは勉強のしかたを高校時代までに身につけています。そのうえ学習能力も高いので、適度に勉強さえしていれば、単位は取得できてしまいます。そのため、今ひとつ燃え切れない状態で貴重な4年間を過ごし、卒業していきます。

このように見てくると、私を含めた中学・高校の教育関係者には、教え子を志望大学に単に合格させるだけではなく、大学入学後にもう一段の成長を促すために、将来的な職業選択や、個々の目標を視点に入れた、緻密《ちみつ》な進路指導が求められると感じています。

職業選択と進路選択

アメリカのニューヨーク市立大学のキャシー・デビッドソン教授は、「二〇一一年度にアメリカの小学校に入学した子どもの65％は、大学を卒業する時、現在は存在しない仕事に就くことになるだろう」と述べました。

なかなか興味深い話ですが、これはアメリカだけではありません。現代の日本にも、当てはまる可能性が高いでしょう。

私は当校の中学生と、大学受験や進路選択をどのように考えるべきかという話をする時、「50年前に存在し、今はない職業にはどのようなものがあるか？」と聞くようにしています。

そのひとつが和文タイピスト。当時の女性にとっては高賃金で、良い仕事と思われていましたが、ＰＣが発達した今はおそらくほとんどいないのではないでしょうか。電話交換手は若干《じゃっかん》残っているようですが、今や携帯電話・スマートフォンの時代ですから、この職種も必然的に消滅していきます。いっぽう、科学や技術の進歩と共に、ＩＴエンジニア、コンピュータプログラマー、Ｗｅｂデザイナーといった、50年前には考えられなかった新たな職種が登場しています。

職業は時代と共に消長するものですが、生徒の両親を含めた〝大人たち〟はどのように職業を選択しているのか。ここに、職業選択のヒントが隠されている、と子どもたちには話しています。

私は物理が好きだったので、大学は理系に進みました。その後、学費と生活費捻《ねん》出《しゅつ》のために学習塾を開き、子どもたちを教えながら環境科学の研究を進め、やがてハーバード大学や東大の教授を経て、二〇一一年に母校の開成中学校・高等学校の校長に就任しました。

このようなキャリアを振り返ると、われながら「子どもや学生たちを教えることが好きだ、教職者に向いている」と思うのです。

いっぽう、自分の嫌いな分野の職業に就いている人は、世の中にそれほど多くないと感じます。たとえば出版関係で働く人は、文章を書いたり読んだりするのが好きな人たちでしょう。文字を見ると虫唾《むしず》が走るような人は、とても長続きできませんし、商店街の八百屋《やおや》さんや魚屋さんもその職業が「好き」だからこそ、長年商店を営《いとな》んでいられるのです。

ですから、私は生徒に「君がサッカー好きだったら、サッカーに関連する職業を柔軟に考えてごらん」と言っています。サッカー好きなら、サッカー選手になるのがもっとも直接的ですが、それ以外にもJリーグのチームを経営してもいい、広報担当でも総務でもいい。あるいはスポーツドクター、トレーナーなど、サッカーに近い仕事を選択し、そのために必要な知識や技術を得られる大学を目指せばいいのです。

しかし、「うちの子は、就きたい職業が毎年変わります。進路決定がなかなかできず心配です」という相談を受けることもあります。その時、私は「それは非常にすばらしい。それだけ、お子さんが成長した証《あかし》です」とお答えします。

子どもの成長は、言わば山登りのようなもの。一段高いところに登ると、視野が広がり、いろいろなものが見えてくるものです。そして、広がった視野のもとで職業選択を行なえばいいのですから、中学時代に想定した職業にこだわる必要はありません。もし、就きたい職業が変わったら、変わった方向へギアシフトすればいいだけです。

トップダウン・アプローチと、ボトムアップ・アプローチ

子どもが生まれた時、多くの親は「健康に育ってほしい」。社会人として、人前になってほしい」と長期的な視野で考えます。ところが、子どもが成長するにつれ、将来は難関大学に入学させたい→そのためには進学校と言われる中学・高校に通わせたい→偏差値はいくつ以上でなければならない、とどんどん近視眼的になります。

つまり、偏差値で決められた現時点の立ち位置から、進学する学校を選択するわけです。私はそれを「ボトムアップ・アプローチ」と言っています。

日本の受験体制はすべて、このボトムアップ・アプローチです。たとえば、ある予備校の模擬試験を受けたところ、自分の偏差値はXだった。それならば、合格80％圏内はA大学、合格50％圏内はB大学、チャレンジ校はC大学と、現在の偏差値から将来の進路を決定していています。

これは、合理的かつ現実的な判断に見えますが、現状の偏差値から進路を決定していくだけであれば、けっして今の自分を将来的に超えることはできません。

これに対し、10年後の自分をイメージし、そこに照準を合わせて進路を決定するのが、サッカーを例にお話しした「トップダウン・アプローチ」です。中学・高校時代に「10～15年後は弁護士になっている」「1級建築士になっている」と生徒がイメージできれば、大学受験の段階で、弁護士や建築士になるための大学・学科を選ぶので、受験校は自ずと決まってきます。

しかし、トップダウン・アプローチで進路を決めても、志望大学に合格できなければば意味がありません。そのため、「A大学の工学部に進みたいが、今の力では無理。B大学を選択しよう」というように、ボトムアップ・アプローチも併用するのが、望ましいでしょう。受験は合格しなければ、次のステップに進めないわけですから。

ただ、トップダウン・アプローチで学校を選択すれば、単に偏差値が高い大学や学科を選択するような発想はいっさいなくなりますし、燃え尽きた東大生のように、大学入学後に目標を失う心配もありません。

能力と偏差値

日本の大学で最難関の東京大学理科三類（医学部）。入試の偏差値は79とも80とも言われています。同世代の約60万人が大学を受験をするなかで、合格者はわずか90名程度ですから、この数値になるのもうなずけます。また、他の大学の医学部も超難関校に位置づけられています。

では、偏差値が高ければ医師になる能力があるかと言えば、私はいささか疑問です。偏差値でわかることとは、「受験生の相対比較で、どのレベルにいるか」ということです。

実社会のなかで成功するかどうかは、まったくわからないと言っていい。これは、還暦《かんれき》を過ぎた人なら実感しているでしょうし、常識でしょう。

私の知るケースに、次のようなものがありました。それは、超難関の東大医学部を卒業後、国家試験を経て医師になったものの、20代後半で「自分に医学は向いていない」と自覚し、廃業したのです。

その理由を本人に聞くと、「医師を志望していたわけではなかったが、大学受験は、とにかく最難関に挑戦したかった。それで、理三《りさん》を受験し合格したが、結局、医学に興味を持つことはなかったし、適性もなかった……」

最難関に挑戦したい、という気持ちは十分に理解できます。それは、かつての私も同様でしたし、同じ気持ちの受験生も多いことでしょう。しかし、このようなケースは避けなければなりません。

前項で述べたように、高校時代までにトップダウン・アプローチで進路を決め、大学を受験すれば、このような轍《てつ》を踏むことはなかったはずです。

成績が良く、偏差値の高い生徒ほど、「自分の能力は高い」と思い込みがちですが、偏差値と職業適性はあまり相関しないと考えたほうがいい。職業選択はそれらから離れて行なわれるべきです。

大学は、現役で行きなさい

「どうしても憧れの大学に進学したいが、現在の学力では無理。浪人したほうがいいだろうか」と悩む生徒も多いことでしょう。その場合、私は次のようにアドバイスをしています。

「浪人は否定しないが、まず、他大学に現役で入り、自分がやりたい学問分野を一生懸命勉強し、その後、志望大学の大学院を目指す方法もある。難関と言われる国立大学の大学院でも、今は昔と違って、外部の大学からの進学者が多くなっているので、4年間努力すれば入れるよ」と。

つまり、自分はなんのために、その大学を志望するのか、より明確に掘り下げ、さらに、自分の目指す職業は修士・博士課程が必要なのか、そして、大学院教育が必要だと思うなら、学部で学んだ大学に関係なく、自分の進路にふさわしい大学の大学院を目指すべきだということです。

もし、そこまでの意志がなく、学力もないのに進学したいのであれば、それは本人の単なる憧れであり、本質的なものではありません。

いっぽう、浪人を選択する要素は、受験勉強期間にどれだけ勉強したかという自覚を、本人が持っているかどうかです。もし、十分に勉強したと思うなら、現役で受かった大学に進学するほうがいい。本人が十分勉強したと思っているのですから、浪人しても、それ以上の成果は望めません。

逆にサボっていたと思うなら、1浪はいいでしょう。人間は1回の失敗なら受け入れていいのです。はじめて大学受験を経験するのだから、失敗するのはしかたがない。「なぜ失敗したのか」を自問し、「勉強時間や集中度が足りなかったから」などの自覚があるなら、そこをリカバリーして、次のチャレンジで成功するように努力すればいい。

しかし、1浪後も失敗した場合、最初の反省が生かされていないのですから、再チャレンジしても、失敗する可能性が高いでしょう。

大学受験において、現役と1浪の2回のチャレンジで合格できなければ、志望校に固執《こしゅう》することなく、方針を変えたほうがいいと思います。もちろん例外はありますが、2浪より先は伸びない、と私は経験的に感じています。

私は、本校の生徒に「大学へはなるべく現役で行きなさい。そして浪人したつもりで、1年間大学を休んで海外留学を経験し、国際感覚や自己認識を深めなさい」と話しています。

そこで、重要になるのが留学費です。「現役で大学に入ったのだから、浪人させたつもりで予備校授業料（留学費）を出してほしい」と親を説得することも可能でしょうが、私はなるべく親に迷惑をかけないようにしてほしい。

高等教育は基本的に、奨学金で受けるものです。海外留学のために一生懸命、奨学金の獲得先を探すことも、学生の生きるうえでの力になると思います。

海外の名門大学を目指す

イギリスの教育専門誌「タイムズ・ハイアー・エデュケーション」が二〇一四年十月に発表した「世界大学ランキング（図表5）」によると、1位Caltech《カルテック》（California Institute of Technology／カリフォルニア工科大学）、2位ハーバード大学、3位オックスフォード大学、4位スタンフォード大学、5位ケンブリッジ大学……と12位までアメリカとイギリスの大学がランクインしています。

ちなみに、東京大学は23位。アジアナンバー1の座を堅持しましたが、「日本の最高学府と言われる東大でも、世界的にはその程度なのか」と思う読者が多いかもしれません。

このランキングは、教育・学習環境、教授陣と学生の質、論文の引用件数など5項目を点数化して決められますが、これらのスコアは大学のグローバル化などを評価する大学教員たちの主観的な判断が基準になっているため、絶対的な指標ではありません。また、審査を行なう教員たちは英語圏出身者が多いため、どうしても英米の大学の評価が高くなります。

図表5　世界の大学ランキング（2014～2015年）

順位	大学	国・地域
1	カリフォルニア工科大学（Caltech）	アメリカ
2	ハーバード大学	アメリカ
3	オックスフォード大学	イギリス
4	スタンフォード大学	アメリカ
5	ケンブリッジ大学	イギリス
6	マサチューセッツ工科大学（MIT）	アメリカ
7	プリンストン大学	アメリカ
8	カリフォルニア大学バークレー校	アメリカ
9	インペリアル・カレッジ・ロンドン	イギリス
10	イェール大学	アメリカ
11	シカゴ大学	アメリカ
12	カリフォルニア大学ロサンゼルス校（UCLA）	アメリカ
13	スイス連邦工科大学チューリッヒ校（ETH）	スイス
14	コロンビア大学	アメリカ
15	ジョンズ・ホプキンス大学	アメリカ
23	東京大学	日本
25	シンガポール国立大学（NUS）	シンガポール
43	香港大学	香港
48	北京大学	中国
49	清華大学	中国
50	ソウル大学校	韓国
51	香港科技大学	香港
52	韓国科学技術院（KAIST）	韓国
59	京都大学	日本
141	東京工業大学	日本
157	大阪大学	日本
165	東北大学	日本

（「タイムズ・ハイアー・エデュケーション」）

では、東大の学生や大学院の研究者はハーバード大学に比べて、現実的に劣るのでしょうか。

ハーバード大学で実際に学生を見てきた私には、東大生がハーバード大学の学生に劣るとは思えません。というより、日本のトップハイスクールの若者たちは、大学に入った時点での知識や人間的成熟度は、彼らにけっして引けを取りません。それどころか、「18歳という年齢では世界一ハイレベルな集団だ」と私は思っています。

それでも、国際的な評価で日本の大学が世界のトップ10にも入れないのは、前述したグローバル化の遅れと、日本の大学と英米の大学の教育文化の違い（後述）が大きな原因でしょう。

こうしたことから、文部科学省は二〇一四年、世界大学ランキング100位以内を目指す「スーパーグローバル大学13校（東京大学・京都大学・東京工業大学・大阪大学・東北大学・名古屋大学・九州大学・北海道大学・筑波大学・東京医科歯科大学・広島大学・慶應義塾大学・早稲田大学）」を選定し、日本の大学の世界的な競争力を上げる政策を打ち立てました。

図表６　日本人の海外留学者数

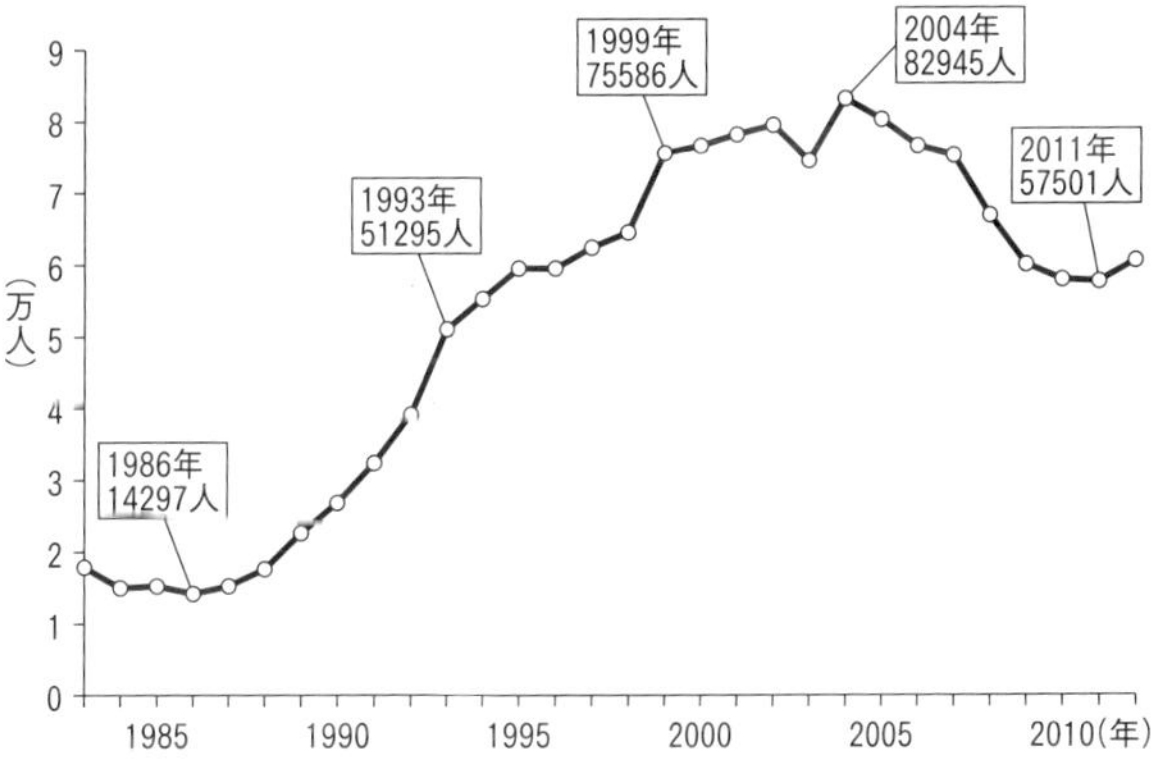

(文部科学省「日本人の海外留学状況」)

ちなみに、13校のうち、現時点では東大、京大以外は１００位圏外です。

加速する高校生の海外志向

「内向き」などと呼ばれ、留学を忌避《きひ》する傾向があった日本の高校・大学生たちの意識も変わりつつあります。海外の大学を目指す日本の高校生が増加し始めたのです。

図表６によると、１カ月程度の短期留学を含めた留学生は、バブル景気に沸《わ》いた一九八六年の１万４２９７人から急激に増加し、二〇〇四年に８万２９４５人とピークを迎えます。

しかし、その後の日本の景気減速や二〇

〇八年のリーマン・ショックの影響などにより、二〇一一年には5万7501人まで減少しました。

ところが、二〇一一年以降、再び増加傾向を示しています。これは、日本の景気が徐々に回復し、子弟の海外留学が経済的に可能になった家庭が増えたことも大きな要因ですが、それよりも、世界の大学のグローバル化の進展により、日本で高校時代を過ごしても、海外の大学に入学できる道が開けたことが大きいのではないかと思います。

こうしたことから、文部科学省は、国際的に活躍できるグローバル・リーダーの育成を図ることを目的として、「スーパーグローバルハイスクール（SGH）」56校を指定しました。また、東京都は今春、都立高や中等教育学校10校で「東京グローバル10」を選定し、海外での語学研修や海外大学への進学を支援しています。

当校でも、「海外の大学に進学したい」と言う生徒が多くなったため、二〇一三年から「カレッジフェア（海外の10大学ほどがブースを設け、個別相談を行なう）」を開催しています。

その結果、二〇一五年はハーバード大学、イェール大学、ＵＣＬＡ（University of California, Los Angeles／カリフォルニア大学ロサンゼルス校）、北京大学など21大学に合格しました。

当校以外でも、いくつかの高校で「海外大学進学コース」を設置したり、大手予備校が海外進学希望者を集めたり、海外留学専門の予備校が登場するなど、日本の高校生の海外の大学志向は年々加速しているのです。

海外の大学に向く生徒、向かない生徒

大学の選択肢が日本に限らず、海外にまで広がることは、向学心の強い高校生にとって、非常に良い傾向だと私は思います。では、海外の大学（特にアメリカの大学）を志望する場合、どのように進路を選択すればよいのでしょうか。

日本では、アメリカ最高峰と言われるハーバード大学や多くのノーベル賞受賞者を輩出しているＭＩＴ（Massachusetts Institute of Technology／マサチューセッツ工科大学）はレベルが高い、「だから、そこを目指したい」と言う生徒が多いのですが、そ

れは大きなまちがいです。

というのも、アメリカの大学のヒエラルキーは、日本とまったく異なります。日本では、東京大学が言うなれば日本一高い富士山であり、その他の大学は高低があっても富士山を凌《しの》ぐことはなく、裾野《すその》にズラッと並んでいる「富士山型」です。

ところが、アメリカの大学はアルプス山脈のように多数の頂《いただき》があり、それぞれの大学が多種多様の特色と高いレベルを誇っています。

したがって、単に日本で定着している名声と難易度だけで、アメリカの大学を選択することは、日本の大学を偏差値の高低だけで選ぶようなもの。これでは、あえて海外の大学に進学する意味は半減してしまいます。

また、大学入学は教育における最後のポイントではありません。入学後にどのような能力を身につけて社会に出るか、それを社会でどのように磨《みが》いていくかが問われます。その意味で、アメリカでは入学よりも卒業の関門（ハードル）が高くなっていますし、卒業後もどのようにして実績を積み重ねていくかが問われ続けます。

また、日本は減点主義の社会です。たとえば、東京大学に受かり、卒業した時点で

１００満点を持って社会に出ていきます。しかし、「あいつはここがちょっとできないからマイナス３点」「人づきあいが下手だからマイナス５点」「仕事で大きなミスを犯したからマイナス30点」というように、どんどん持ち点が減っていきます。

ところが、アメリカ社会は加点主義なので、ハーバード大学を出ようが、ＭＩＴを卒業しようが、社会のスタートラインに立てば誰もが０点。そして、社会に出ると、「これは彼が提案してやり遂げたプロジェクトだから、プラス30点」「入社時より確実に進歩しているから、プラス10点」というように、評価点は上がっていきます。

このような加点主義の社会で育つアメリカの学生の行動形態は、減点主義の日本の学生と異なります。

アメリカの学生は、他の学生に対し強い競争心を持ち、その競争心は授業のディスカッションにおける発言回数などに如実《にょじつ》に表われます。なぜなら、他の学生に発言を譲《ゆず》ってしまうと、自分の成績が上がらない。成績が上がらなければ、レベルの高い大学院に進めないのですから、必死です。

ところが、日本では、まず〝空気を読む〟ことが重視され、多くの大学は「従順で教授の言うことをよく聞く、受け身の学生」向けの授業を行なっています。これが、前述した日本と英米の大学の教育文化の違いです。

私は実際にハーバード大学の大学院で教えていた時に、これを経験しましたが、ハーバード大学やMITの学生たちほど競争好きな連中はいません。闘争好きと言ってもいいかもしれません。レベルの高低はともかく、彼らは競争をすることを生きがいにしています。このような学生たちに、周りの様子をうかがってから発言する文化で育った日本人の学生が対抗するのは至難の業《わざ》、と言ってもいいでしょう。

したがって、競争心の強いアメリカの学生の行動形態を熟知している帰国子女がハーバード大学やMITを目指すのはかまいませんが、日米の文化の違いを知る助走期間が必要な一般の高校卒業生は、規模の小さなリベラルアーツ大学からスタートするのがいいでしょう。

そこで文化の違いに習熟すると共に、自分の専門分野を見出し、知識を深めていくのがベターな選択だと思います。リベラルアーツ大学の卒業後は、もう助走期間は不要ですから、自分の能力を思う存分発揮できる進路を選ぶことができます。

海外の大学を卒業したら

さらに、もう一言付け加えれば、海外の大学へ進学したら、就職も現地でしたほうがいい。

なぜなら、前項で述べたように、アメリカ社会は加点主義で、自己主張が必要な社会です。このような環境下で競争を勝ち抜き、大学を卒業した日本人学生が帰国後、未《いま》だに以心伝心《いしんでんしん》で、減点主義の日本企業に就職したらどうなるでしょう。

それは、文字通り、「出る杭《くい》は打たれる」のです。日本では「入社後３年間は会議で発言するな」というようなムードの企業が少なくありません。これでは、加点主義のなかで勉強してきた４年間が無駄になってしまうし、自分の力を発揮することはできません。

ただ、日本の企業がすべてダメというわけではなく、アメリカで採用活動をしているような企業であれば、アメリカの加点主義を理解しているので、ミスマッチは起きにくいでしょう。

しかし、現地で外資系企業に就職すれば、学生時代に築《きず》いた友人たちが強い人脈として残っているので、本人の活躍する場が広がりますし、それは将来の日本のためにもなるのです。また、外資系企業に就職し、そこでキャリアを積めば、日本の企業にヘッドハンティングされる可能性も出てきます。

日本の企業にとって、ハイレベルなビジネススキルを持つ、英語に堪能《たんのう》な日本人を雇《やと》うメリットは非常に大きく、雇う側も雇われる側も、ウィン・ウィンの関係を構築できます。なにしろ、日本語で意思の疎通が可能ですから。

つまり、海外の大学に進学したら、卒業後の就職先もグローバル感覚を持って探すべきだと思います。

これは余談ですが、日本では入試シーズンが終わるや否《いな》や、「○○高校から○○大学に何人合格」というような記事が週刊誌などで報道されますが、最近は「○○高校からハーバード大学に何人、ＭＩＴに何人合格」と掲載されるようになりました。海外の大学への進学人気の高まりを反映しているのかもしれません。

しかし、「日本の大学入学ランキング」と「海外大学進学ランキング」を同じ観点で論じることはできません。

なぜなら、日本のひとつの高校、たとえそれが日本を代表するトップハイスクールであったとしても、海外の１高校からハーバード大学やＭＩＴは大勢の合格者を出すようなことはしないからです。

それは、大学が学生集団のダイバーシティ（多様性）を重視するためです。たとえば、Ａ高校の色に染《そ》まった学生を10人入学させるなら、別々の10校から10人を採りたいと考えるのです。

ＡＯ入試について

少々海外留学の話が長くなりましたが、ここで日本とアメリカの大学の入試制度についてお話ししたいと思います。

アメリカのほとんどの大学では私の知る限り、書類による「ＡＯ（Admissions Office／入試審査事務局）入試」を実施しています。ＡＯ入試と言うと、日本では「一般入試より簡単」と思われているようですが、アメリカはかなり大変です。

まず、ＡＯ入試を受けるためには、いろいろな試験を受けなければなりません。たとえば「SAT(Scholastic Assessment Test/大学進学適性試験)」という高校卒業段階での学力テストや、留学生に課せられる「TOEFL《トフル》(Test of English as a Foreign Language/英語を母語としない人たちのための英語能力判定テスト)」、さらに高校の内申書、推薦状、履歴書、エッセイ(志望動機や将来計画)などを入試審査事務局が厳格に審査して、各大学のミッション(教育理念)に相応する学生を選択します。これがAO入試と言われる由縁《ゆえん》です。

SATやTOEFLは受験回数に制限はありません。試験結果に納得できなければ、何回でも受けることができます。そして、自分が納得した試験結果を大学に提出します。

このしくみは、高校生の自己認識を深めさせる効果があります。受験生は自己評価に比べて試験結果が悪ければ、再度試験を受けますが、無限に繰り返すことはないでしょう。つまり、試験結果と自己評価が一致します。この得点が現在の自分の限界だと納得するのです。

自分の限界を自己認識することは、その後の進路選択を、自分の個性に合った、より確実なものにします。そこが、アメリカのAO入試の特長であり、アメリカの教育の有効なプロセスだと思います。

では、日本のAO入試はどうでしょう。大学関係者によれば、「一般入試組に比べ、一芸入試などで入ったAO組はレベルが低く、中退者も多い」とされていますが、それは当然の成り行きです。

前述のように、アメリカの大学はすべてAO入試ですが、それでも、ハーバード大学やMITなどが高いパフォーマンスを残しているのは、AO入試の運用と出口管理（卒業）を厳格に行なっているからです。

いっぽう、日本のAO入試は、多くが書類選考（推薦状、小論文）と面接だけなうえに、出口管理も厳格とは言えません。つまり、日本のAO入試は、アメリカのAO入試を〝換骨奪胎《かんこつだったい》〟したもので、中身はまったく異なるのです。

日本のAO入試はさまざまな問題点を指摘されていますが、まず、その運用を見直す必要があるのではないでしょうか。

そして、AO入試に限らず（一般入試、推薦入学など）、日本の大学は出口管理を厳格にすべきです。〝楽勝科目〟を中心に要領良く単位を取得して卒業できてしまうのなら、入学時の能力を大きく毀損《きそん》して社会に出ることになってしまいます。これでは、海外の大学で4年間きっちり勉強してきた学生には敵《かな》いません。

ところで、日本でも二〇二一年の入試から現在のセンター試験に代わり、「高等学校基礎学力テスト（仮称）」と、「大学入学希望者学力評価テスト（仮称）」を導入し、高校在学中に複数回受験し、自分の納得がいくスコアを大学に提出する、といった制度が実施されようとしています。

高校生にとって、この制度改革が実現すれば、現在の一発入試に比べ、自己認識が深まり、自分の進路を決めるためにも大きな役割を果たすのではないかと期待しています。

受験勉強はいつから始めるか？

ここからは、日本の現状の入試について話を進めていきます。

中高生の子どもを持つ親を対象とする講演会では、「受験勉強はいつから始めたらいいでしょうか？」という質問をよく受けます。

その質問に対し、「大学や高校に受からなければ何も始まらないので、受験勉強は必要です。ですから、志望校に合格するための最小限の勉強時間を割《さ》けばいい。しかし、それはあくまでも受験勉強であって、お子さんの中等教育の６年間を、志望校合格だけを目指した受験勉強期間と考えたら、こんなにつまらない人生はありません。もっとも望ましいのは、自ら確立した自分流の勉強法が受験にも役立つことです」とお答えしています。

すると、「開成高校ではいつから受験勉強をさせるのですか？」と必ず尋《たず》ねられます。

私が「受験勉強は授業内容を理解している生徒であれば、半年あれば十分。長くても1年以内です」とお答えすると、みなさん驚かれます。しかし、これは当校だけではなく、進学校と言われる他校でも、比較的短い受験期間を設定しているケースが多いようです。

受験勉強は時間数ではなく、結果です。自分の頭のなかに効率良く知識が定着すればいいのですから、ダラダラやっても意味はありません。

当校の生徒たちは第3章で述べたように、高校3年の五月第二週の運動会まで全力で課外活動に打ち込みます。そして、運動会が終わると受験に頭を切り替えるのです。なかには、髪の毛を切って坊主頭《ぼうずあたま》にする生徒もいます。これは、これから受験勉強にはげむ、という本人の意思表示であり、メリハリをつけるという意味もあるのでしょう。

しかし、ここが重要です。運動会までは課外活動に目一杯注いできたエネルギーを、10カ月間勉強に振り向ける。その集中力さえあれば、希望する大学へ多くの生徒が合格していきます。

当校の生徒の多くは課外活動などの先輩を通し、「高2までは課外活動に専念しても大丈夫だ」と認識しています。先輩たちがそのような短期間の受験勉強で難関大学に合格していることを知っているので、自分もできると思うのでしょう。

これは、私が在籍していた当時も同様です。今の開成生にもその伝統は受け継がれているわけですが、現在、校長を務める私から見ても、当校の生徒の集中力には驚かされます。

もちろん、子どもの学力は千差万別ですから、受験勉強期間を一概に決めることは困難です。ただ、受験に特化した勉強を長期間行なうより、学校の授業に集中して臨《のぞ》み、授業内容を確実に理解するほうが、高校受験も大学受験も成功しやすいと私は思います。

受験科目以外の勉強はどうするか？

「受験科目と非受験科目にどう対処していくか」という質問もあります。

これには、「受験期間に入れば受験科目だけを勉強することが多くなりますが、それ以前は、幅広く勉強をしたほうがいいでしょう。当校には受験科目を『主要教科』、それ以外を『副教科』と呼ぶような習慣はありません。われわれが提供するすべての科目が、生きるうえで必要な内容だからです。私は、大学は理系に進みましたが、高校時代は世界史や文学が好きだったので、本ばかり読んでいましたよ」とお答えしています。

しかし、なかなか納得していただけません。というのも、現在の大学受験は周知の通り、文系と理系に大別され、両者の試験科目は大きく異なります。国立大学の入試では文系も理科や数学、理系も社会科が課せられますが、私立大学の文系は国語、英語、社会（数学などが選択できる場合も）、理系は英語、数学、理科（生物、化学、物理など）の3科目受験が一般的です。

そうであれば、「受験科目を重点的に勉強したほうが、大学の合格率は高くなる。うちの子は私立大学の理系を受けるのだから、社会や国語は関係ない」と思うのも当然かもしれません。

しかし、大学受験は何度も言うようですが、人生のひとつの通過ポイントにすぎません。まして高校時代に受験科目以外勉強しないという選択は、子どもの将来の可能性を著しく狭《せば》め、将来開花する才能の芽を摘《つ》んでしまう可能性が高くなります。

それに、幅の広い学問に好奇心がないと、学力は伸びません。したがって、「受験勉強期間に入ったら受験科目に重点を置くけれども、それ以前は幅の広い勉強をする」ことをおすすめします。

文系、理系はどの時点で分けるべきか?

当校ではクラスを文系と理系に分けません。というより、受験以外に文系と理系の選択をするべきではない、と私は思っています。

もちろん、「エンジニアを目指す」「弁護士志望」など、早めに自分の将来の計画を立てるのはいいことですが、それでも受験勉強に入るまでは、文系科目・理系科目を偏《かたよ》りなく学び、幅広い知識を身につけてほしいと思います。

ところで、「私は理系人間——」、あるいは「僕は文系だから——」と言ったり聞いたりすることはありませんか?

私はこの言葉に違和感を覚えます。なぜなら、「ある作家の作品に魅《ひ》かれて、どうしてもその文学を研究したい、知識を深めたいから文系に進んだ」、あるいは「ロボット工学を勉強するために理系へ進んだ」という動機であれば、すばらしいのですが、日本では往々《おうおう》にして、文系と理系を分ける選択基準は消極的な理由が多く、その傾向は特に文系に強い。

すなわち、数学が苦手、物理や化学が嫌いという理由で文系を選択するのであれば、それは、理系の学問から遠ざかるための〝逃げ口上《こうじょう》〟にすぎません。それでは、大学卒業後、社会に出ても限界が出てきます。

たとえば、文系の仕事とされる公認会計士や税理士にも、数学的な知識は必須です。また、営業職でマーケティングなどを担当する人や企画担当部門の人に、統計学や微積分《びせきぶん》の知識があれば、より効率的な営業戦略が立てられるでしょう。つまり、社会に出れば、文系、理系にかかわらず、幅広い知識が必要だ、ということです。

したがって、第2章でも触れましたが、苦手な科目があれば原点まで戻り、早めに手当てしておくことが大切です。

文系と理系に分ける発想は、日本独特ではないか、あるいはアジアに特徴的なのではないかという気がします。それは大学入試が文系、理系に分かれているので、自分をそこに無理矢理押し込んでしまうということなのかもしれません。

アメリカでは、B.A.（バチェラー・オブ・アーツ／文学士）を取得後、大学院から理系に行く学生がたくさんいます。学部の4年間は文系の学問を勉強してきたけれど、大学院では理系の学問を突き詰めたいということなのでしょう。

つまり、彼らには、日本人のように文系人間、理系人間という概念は存在しないのです。しかし、日本の場合、文系から理系に移る大学院生はほとんど見られず、逆に最近では理系から文系に移る人が増えているようです。

名門高校→三流大学

大学受験はしたものの、残念ながら偏差値的には〝三流〟と言われる大学しか受からなかった……。このような生徒は、進学校と言われる高校にも、少なからず存在します。

このケースで大事なことは、「志望校に選ばれなかった」と受け身で考えず、「勉強していないから当然だ」と、生徒が能動的に納得すれば、前述のように、志望校の大学院を目指すなどいくらでもリカバリーをする余地はあるものです。

ただし、周囲の学生とレベルが合わない、居場所が見つけられないと感じるのなら、もう一度受験し直すのもいいでしょう。しかし、再チャレンジにも失敗したら、新たなスタートラインに立つために、アメリカのＳＡＴと同じように、自己評価と社会的評価の一致を図り、結果を受け入れなければなりません。

もし、それを受け入れられなければ、その後の人生は暗いまま過ぎていきます。しかし、受け入れればその失敗がバネになり、光り輝く時代が来る可能性もあります。

当校のOBで、在学中は音楽に熱中し、ギターばかり弾いていた生徒がいました。大学受験は当然ながら不本意な結果でしたが、彼は納得して大学に通っていました。そして、学部を卒業し、いったん就職したあと一念発起《いちねんほっき》し、なんとハーバード大学の大学院に進学し、現在はUCLAの大学院の教授を務めています。

若い頃の失敗体験は本人にとって大きな問題ですが、その失敗は本人の努力次第で成功につながることがあります。挫折しても挫《くじ》けずに立ち上がった人間は、順風《じゅんぷう》に帆《ほ》を上げてきた人間にはない強さがあるのです。

このことを、人生経験の豊富な大人や先輩が、きちんとアドバイスすることが大事です。

医学部を目指す生徒へ

先行きが不透明な時代を反映してか、最近は医学部志向が増えています。当校の生徒たちも例外ではありません。なぜ医学部の進学希望者が増えているのでしょう。

それは、優秀な若者たちが、ノーベル賞を受賞した中村修二《なかむらしゅうじ》さん（青色発光ダイオードを発明、ノーベル物理学賞受賞）の裁判などから、日本の企業社会の矛盾と限界を感じ、そのなかで翻弄《ほんろう》されることを避けるために、ライセンスを持って生きていくという方向へシフトしたのではないか、と私は思っています。

もちろん、生徒がそれを望むのであれば、サポートするのがわれわれの仕事です。しかし、日本という国家全体から考えると、優秀な頭脳が医学部へ集中してしまうのははけっして望ましいことではありません。

医学は人の命にかかわる崇高な職業ですが、人材が偏ることは国家経済の観点から望ましいことではありません。医学で経済的な富《とみ》を生むのは、海外のセレブ相手の病院経営などの形態に限られます。だからこそ、日本の優秀な才能が医学部に集中することは、国家経済的にはいかがなものか、と私は思うのです。

さらに今後は、医師の供給過剰という問題に直面するかもしれません。今後の日本は一段と高齢化が進み、医療需要が高まることはまちがいない。しかし、今の高校3年生が医師になり、一生懸命働いて、自分の一生を終えるのはおよそ60年後。その間、日本の人口構成や医療需要がどのように変化し、現在と同じように〝食べていける〟と言い切れるのか、きちんと考えなければいけないでしょう。

しかし、私は若者たちに医学部を目指すべきではないと言っているわけではありません。医学は人間の生命に直接かかわる高邁《こうまい》な学問ですから、優秀な生徒が医学部を目指すのは自然の成り行きかもしれません。

ただ、医学部を受験できるほど優秀な生徒には、ＩＴ工学、宇宙工学、環境工学、災害工学などといった、他の先端科学にも目を向けてほしいのです。今ほど、最先端科学の研究者や最先端技術製品の開発者が求められている時代はない、と私は思っています。

志望校選択の三つのポイント

さて、ここまで大学受験にまつわるさまざまなテーマで話を進めてきましたが、志望校選択で重要な３ポイントを挙げておきます。

①自分の進路選択と一致している。
②偏差値的に合格する可能性がある。
③志望校が新しい土地にあるかどうか。

③については、中等教育から高等教育へステージが変わり、自立した大人として学問を学ぶことになるわけですから、新しい土地に転居したほうがいい。

しかし、首都圏に在住する人が東京の大学に通う場合は難しいかもしれません。ただ、その場合でも学生寮や下宿を探し、最低限、親元から離れることが望まれます。

子どもが高校生から大学生になる時は、小学生が中学生になるのと同様に新たなステージに突入します。

私は本著で「子どもが中学生になったら、親は子離れしてください」「子どもが大学に入ったら、ひとり暮らしをさせてください」と繰り返し述べてきましたが、もし、子どもの高校卒業までに、親の子離れができていなければ、大学の入学を機《き》に、完全に子離れし、「自立した大人どうしの関係」に早く到達してください。

そして、「自立した大人どうしの関係」の次に来るのが、「老《お》いては子に従え」の時代ですから、おたがいに元気な成人の関係をなるべく長く楽しみましょう。

大学生になれば、たとえ19歳であろうとも、社会的には大人として扱われます。もう、親の力で子どもの人生は支えられません。したがって、子どもの人生は本人が切り開くしかないのです。

大学からは新たなステージ、高等教育の始まりです。親はここまで育ててきたことに自信と誇りを持って、子どもを信じて送り出しましょう。

未来の大人たちへ

最後に、私から子どもたち――未来の大人たちにお伝えしたいことがあります。

大学生になったら、学期の間は、1週間に60時間は勉強してください。金曜日の夜から土曜日の夜までの24時間を除く週6日間、毎日10時間は勉強してください。厳しい？　大学生になったら遊びたい？

でも、1週間は168時間です。そのうちの60時間を勉強にあてても、108時間は勉強していないことになります。十分な睡眠をとり、週に1日だけオフのリラックスできる日を設けて、持続的に勉強することをすすめます。

ちなみに、ここで言う「勉強」とは、友人と議論する時間も、トイレやお風呂に入りながら、その日に受けた知的刺激を反芻《はんすう》する時間も含みます。人生のなかで勉強だけに集中できる期間は、大学時代だけです。自分の時間を大切にして、社会に貢献できる人材に自分を育て上げてください。

編集協力　佐々木重之
図表作成　篠　宏行

切りとり線

★読者のみなさまにお願い

この本をお読みになって、どんな感想をお持ちでしょうか。祥伝社のホームページから書評をお送りいただけたら、ありがたく存じます。今後の企画の参考にさせていただきます。また、次ページの原稿用紙を切り取り、左記まで郵送していただいても結構です。

お寄せいただいた書評は、ご了解のうえ新聞・雑誌などを通じて紹介させていただくこともあります。採用の場合は、特製図書カードを差しあげます。

なお、ご記入いただいたお名前、ご住所、ご連絡先等は、書評紹介の事前了解、謝礼のお届け以外の目的で利用することはありません。また、それらの情報を6カ月を越えて保管することもありません。

〒101-8701（お手紙は郵便番号だけで届きます）
祥伝社新書編集部
電話03（3265）2310
祥伝社ホームページ　http://www.shodensha.co.jp/bookreview/

★本書の購買動機（新聞名か雑誌名、あるいは○をつけてください）

＿＿＿＿新聞の広告を見て	＿＿＿＿誌の広告を見て	＿＿＿＿新聞の書評を見て	＿＿＿＿誌の書評を見て	書店で見かけて	知人のすすめで

★100字書評……なぜ、中高一貫校で子どもは伸びるのか

名前

住所

年齢

職業

柳沢幸雄　やなぎさわ・ゆきお

東京大学名誉教授、開成中学校・高等学校校長。1947年生まれ。開成高等学校、東京大学工学部卒業。システムエンジニアとして日本ユニバック(現・日本ユニシス)入社。1974年退社、東京大学大学院工学系研究科修士課程進学。同博士課程修了、工学博士。ハーバード大学公衆衛生大学院准教授、同併任教授(在任中ベストティーチャーに選出)、東京大学大学院新領域創成科学研究科教授を経て、2011年より現職。著書に『エリートの条件』『自信は「この瞬間」に生まれる』など。

なぜ、中高一貫校《ちゅうこういっかんこう》で子《こ》どもは伸《の》びるのか

柳沢幸雄《やなぎさわゆきお》

2015年9月10日　初版第1刷発行

発行者……………竹内和芳

発行所……………祥伝社《しょうでんしゃ》

〒101-8701　東京都千代田区神田神保町3-3

電話　03(3265)2081(販売部)

電話　03(3265)2310(編集部)

電話　03(3265)3622(業務部)

ホームページ　http://www.shodensha.co.jp/

装丁者……………盛川和洋

印刷所……………萩原印刷

製本所……………ナショナル製本

Printed in Japan ISBN978-4-396-11433-6 C0236

〈祥伝社新書〉
教育の現状

191
はじめての中学受験 変わりゆく「中高一貫校」
わが子の一生を台無しにしないための学校選びとは？　受験生の親は必読！
日能研《にちのうけん》　進学情報室

360
なぜ受験勉強は人生に役立つのか
教育学者と中学受験のプロによる白熱の対論。頭のいい子の育て方ほか
明治大学教授　齋藤　孝
家庭教師　西村則康《のりやす》

339
笑うに笑えない大学の惨状
名前を書けば合格、小学校の算数を教える……それでも子どもを行かせますか？
大学通信常務取締役　安田賢治

362
京都から大学を変える
世界で戦うための京都大学の改革と挑戦。そこから見えてくる日本の課題とは
京都大学第25代総長　松本　紘《ひろし》

254
あなたが就職試験に受からない理由
誰も書かなかった、採用担当者の本音のホンネ。就活本の決定版！
平野　稔

〈祥伝社新書〉
語学の学習法

312
一生モノの英語勉強法
「理系的」学習システムのすすめ
京大人気教授とカリスマ予備校教師が教える、必ず英語ができるようになる方法
京都大学教授 鎌田浩毅
研伸館講師 吉田明宏

405
一生モノの英語練習帳
最大効率で成果が上がる
短期間で英語力を上げるための実践的アプローチとは？ 練習問題を通して解説
鎌田浩毅
吉田明宏

331
7カ国語をモノにした人の勉強法
言葉のしくみがわかれば、語学は上達する。語学学習のヒントが満載
慶應義塾大学講師 橋本陽介

426
使える語学力
7カ国語をモノにした実践法
古い学習法を否定。語学の達人が実践した学習法を初公開！
橋本陽介

383
名演説で学ぶ英語
リンカーン、サッチャー、ジョブズ……格調高い英語を取り入れよう
青山学院大学准教授 米山明日香

〈祥伝社新書〉
大人が楽しむ理系の世界

290
ヒッグス粒子の謎
なぜ「神の素粒子」と呼ばれるのか？　宇宙誕生の謎に迫る
東京大学准教授
浅井祥仁《しょうじ》

229
生命は、宇宙のどこで生まれたのか
「宇宙生物学（アストロバイオロジー）」の最前線がわかる！
神戸市外国語大学准教授
福江　翼

215
眠りにつく太陽　地球は寒冷化する
地球温暖化が叫ばれるが、本当か。太陽物理学者が説く、地球寒冷化のメカニズム
神奈川大学名誉教授
桜井邦《くに》朋《とも》

242
数式なしでわかる物理学入門
物理学は「ことば」で考える学問である。まったく新しい入門書
桜井邦朋

234
9回裏無死1塁でバントはするな
まことしやかに言われる野球の常識を統計学で検証
統計学者
鳥越規《のり》央《お》

〈祥伝社新書〉
大人が楽しむ理系の世界

419
1日1題！ 大人の算数
あなたの知らない植木算、トイレットペーパーの理論など、楽しんで解く52問
埼玉大学名誉教授 岡部恒《つね》治《はる》

338
大人のための「恐竜学」
恐竜学の発展は日進月歩。最新情報をQ&A形式で
北海道大学准教授 小林快次 監修
サイエンスライター 土屋 健 著

080
知られざる日本の恐竜文化
日本人は、なぜ恐竜が好きなのか？ 日本の特異な恐竜文化を言及する
サイエンスライター 金子隆一

318
文系も知って得する理系の法則
生物・地学・化学・物理——自然科学の法則は、こんなにも役に立つ！
元・慶應義塾高校教諭 佐《さ》久《く》 協《やすし》

430
科学は、どこまで進化しているか
「宇宙に終わりはあるか？」「火山爆発の予知は可能か？」など、6分野48項目
名古屋大学名誉教授 池内 了《さとる》